AF273792

VARÓN
Y
MUJER

TEOLOGÍA DEL CUERPO (I)

EDICIONES PALABRA
Madrid

1ª edición, octubre 1995
2ª edición, junio 1996
3ª edición, mayo 1999
4ª edición, abril 2001
5ª edición, octubre 2003
6ª edición, mayo 2005
7ª edición, noviembre 2008
8ª edición, octubre 2011
9ª edición, abril 2017
10ª edición, marzo 2021
11ª edición, julio 2023
12ª edición, febrero 2025

© Ediciones Palabra, S.A., 2025
   Paseo de la Castellana 210 - 28046 MADRID (España)
   Telf. (34) 91 350 77 20 - (34) 91 350 77 39
   www.palabra.es
   palabra@palabra.es

© Traducción: L´Osservatore Romano en español

ISBN: 978-84-1368-442-0
Depósito Legal: M-2.767-2025
Impresión: Safekat
Printed in Spain - Impreso en España

Cualquier forma de reproducción, distribución, comunicación pública o transformación de esta
obra solo puede ser realizada con la autorización de sus titulares, salvo excepción prevista por la ley.
Diríjase a CEDRO (Centro Español de Derechos Reprográficos) si necesita fotocopiar o escanear algún
fragmento de esta obra (www.cedro.org; 91 702 19 70 / 93 272 04 45).

Juan Pablo II

VARÓN

Y

MUJER

TEOLOGÍA DEL CUERPO (I)

DUODÉCIMA EDICIÓN

NOTA DEL EDITOR

Al culminar su fecundo pontificado, se ha puesto aún más de relieve la originalidad y el valor innovador de las enseñanzas de Juan Pablo II sobre el sentido del amor humano en los planes de Dios, lo que se conoce como su *teología del cuerpo*.

El Papa escribió y leyó personalmente estos discursos en las audiencias generales de los miércoles, entre 1979 y 1984. Ediciones Palabra los ha publicado en cuatro volúmenes: *Varón y mujer* (teología del cuerpo, I), *La redención del corazón* (teología del cuerpo, II), *El celibato apostólico* (teología del cuerpo, III) y *Matrimonio, amor y fecundidad* (teología del cuerpo, IV).

En este primer volumen de la teología del cuerpo se recogen, en veintitrés capítulos, otros tantos discursos del papa sobre el sentido de la sexualidad humana. Las continuas reediciones de estos volúmenes son un índice suficientemente significativo del interés de estas enseñanzas de Juan Pablo II.

Juan José Espinosa
Director de *Libros-Palabra*

PRÓLOGO

Uno de los aspectos más novedosos, y hasta cierto punto sorprendentes, de la enseñanza de Juan Pablo II lo constituye la importancia que desde el principio de su pontificado ha dado a la *teología del cuerpo*. Ha hecho falta que pasen varios lustros para que la originalidad y la transcendencia de ese magisterio se haya ido abriendo paso, primero en teólogos y filósofos, hasta llegar a interesar a un público cada día más amplio. Al Papa le movía el deseo de profundizar en el sentido de la familia humana y del matrimonio, y, por extensión, de la persona humana, que está constituida también por su cuerpo. Por eso una de las líneas que vertebran las enseñanzas de estas audiencias es la búsqueda del *significado del cuerpo*, marcado por la masculinidad y la feminidad. Esta investigación no es un estudio abstracto del cuerpo humano, sino un análisis de la corporeidad concreta, que es siempre de un varón o de una mujer.

La luz que ilumina el discurso proviene de la Sagrada Escritura. En efecto, su inicio e inspiración se halla en las palabras con que Jesucristo contesta a los fariseos, cuando éstos le preguntan acerca de la indisolubilidad del matrimonio. Al responderles Cristo hace referencia al «principio», es decir, al momento de la creación, cuando varón y mujer surgieron de las manos del Creador, con un ser y una misión bien definidos, en un estado de inocencia y de felicidad.

Cristo se refiere al «principio», a la dimensión originaria del misterio de la creación. Con esto sugiere que el verdadero sentido de la vida del hombre –varón y mujer–, de sus cuerpos, de su sexo, ha de encontrarse en el estado de inocencia originaria, donde se reflejaba sin sombras el querer divino respecto a ellos, más allá del límite del estado pecaminoso hereditario que vino después.

Los escasos versículos de los primeros capítulos del Génesis, que relatan el «principio», son examinados con minuciosidad, haciendo avanzar la comprensión de ellos de modo sorprendente. Esos finos análisis ponen de manifiesto el talento fenomenológico de Juan Pablo II, para penetrar en las experiencias originarias del hombre: experiencia del cuerpo indisolublemente unido a la sexualidad, experiencia de la soledad, de la desnudez, de la inocencia, de la comunión de personas, de la plenitud y alegría de aquella situación beatificante. Un estado real de «prehistoria» teológica al que sólo se puede acceder con la Palabra revelada, meditada desde el estado del hombre «histórico», estado de pecaminosidad hereditaria, pero que contiene también la perspectiva de la Redención. En efecto, la Redención que Juan Pablo II ha definido como la «creación renovada»[1] permite recuperar el sentido de las dimensiones primigenias del ser humano.

Si a alguien le resultara extraño hacer teología del cuerpo, Juan Pablo II expone que «el hecho de que *la teología comprenda también al cuerpo* no debe maravillar ni sorprender a nadie que sea consciente del misterio y de la realidad de la Encarnación. Por el hecho de que el Verbo de Dios se ha hecho carne, el cuerpo ha entrado, diría, por la puerta principal en la teología, esto es, en la ciencia que tiene como objeto la divinidad»[2]. En efecto, des-

---

[1] Cfr JUAN PABLO II, Enc. *Redemptor hominis*, n. 8.
[2] AG (Audiencia general), 2-IV-1980, n. 4 (cap. XXIII).

pués de la Ascensión un cuerpo humano está sentado a la derecha del Padre. El Papa añade: «Y precisamente en este punto es donde la reflexión sobre el texto arcaico del *Génesis* se manifiesta insustituible. Constituye realmente el 'principio' de la teología del cuerpo»[3].

Por otra parte, la teología del cuerpo, que lleva impreso siempre las señales de la sexualidad, se convierte en teología del sexo. Dicho con sus palabras:

«La teología del cuerpo, que desde el principio está unida a la creación del hombre a imagen de Dios, se convierte, en cierto modo, también en teología del sexo, o mejor, en teología de la masculinidad y de la feminidad, que aquí, en el libro del *Génesis*, tiene su punto de partida»[4].

Varón y mujer «desde el principio»

La referencia al «principio» hecha por Cristo tiene gran fecundidad desde diversas perspectivas. Una de ellas se refiere a la hermenéutica bíblica. Es sabido que la creación del hombre, varón y mujer, es narrada en el libro del *Génesis* en dos relatos. En uno de ellos se describe la creación del varón y la mujer en solo acto: *Gen* 1, 27. En la otra: *Gen* 2, 7-25, se procede a describir la creación por separado, primero del varón, después de la mujer. Pues bien, si nos preguntáramos cuál de los dos pasajes hay que interpretar literalmente, las palabras de Cristo resultan clarificadoras. En efecto, Él remite al pasaje de *Génesis* 1: «¿No habéis leído que al principio el Creador los hizo varón y mujer?» (*Mt* 19, 3).

Como afirma Juan Pablo II: «Es significativo que Cristo, en su respuesta a los fariseos, en la que se remite

---

[3] *Ibidem*.
[4] AG, 14-XI-1979, n. 5 (cap. IX).

al 'principio', indica ante todo la creación del hombre con referencia al *Génesis* 1, 27: 'El Creador al principio los creó varón y mujer'; sólo a continuación cita el texto del *Génesis* 2, 24»[5]. Por tanto, si el Nuevo Testamento es criterio para la interpretación del Antiguo, estas palabras de Cristo marcan la línea exegética, seguida por Juan Pablo II, de que *Génesis* 2 ha de interpretarse a la luz de *Génesis* 1. Por tanto, el hombre fue creado varón y mujer «desde el principio»[6].

Otro análisis que merece ser destacado es aquel del Adán solitario que relata *Génesis* 2, 7, de la costilla del cual Dios saca a la primera mujer. Este debatido pasaje es abordado por Juan Pablo II con una originalidad y una riqueza sorprendentes. La soledad del primer hombre no hace referencia directa en primer lugar al varón, sino a todo ser humano, sea varón o mujer, que al confrontarse con la naturaleza, en concreto con los animales, (*animalia*) «el ser humano toma conciencia de la propia superioridad»[7]. En el primer acto de autoconocimiento humano en el que se reconoce como persona.

Unido a este pasaje aparece el análisis del sueño de Adán, y el surgimiento de la pluralidad humana. Para Juan Pablo II el «mito» del *Génesis* no tiene nada que ver con el mito platónico de Aristófanes, donde el ser humano primitivo es dividido en dos. Aunque muchas veces se ha interpretado así, como si Adán hubiera sido dividido en dos y, en consecuencia, varón y mujer fueran cada uno la mitad de la humanidad, el análisis del Pontífice viene a ser la interpretación contraria. Dios no hace de

---

[5] AG, 19-IX-1979, n. 2 (cap. III). Cfr también Carta Apostólica *Mulieris dignitatem*, 15-VIII-1989, n. 6.

[6] Sobre este tema cfr mi trabajo ¿*Fue creado el varón antes que la mujer? Reflexiones en torno a la antropología de la creación*, en «Annales Theologici», Edizioni Ares, Roma, vol. 6 (1992/2), 319-366.

[7] AG, 10-X-1979, n. 4 (cap. V).

uno dos sino de dos uno. El misterio de creación humana consiste en que Dios hizo la unidad de dos seres, cada uno de los cuales era persona en sí mismo, es decir, «igualmente relacionado con la situación de soledad originaria»[8]. La «comunión de personas» que tanta importancia tiene para Juan Pablo II, en cuanto a la configuración de la «imagen de Dios», «podía formarse sólo a base de una 'doble soledad' del varón y de la mujer»[9].

En este sentido es estremecedora la exégesis del sopor del Adán del *Génesis*, parábola utilizada por Dios para explicar por qué creó al ser humano doble «desde el principio». En efecto, leyendo con detenimiento su exégesis se puede llegar a la conclusión de que el Adán solitario no existió como tal, y el sueño del paraíso no fue sino un retorno al no-ser, es decir, al instante antecedente a la creación. En palabras de Juan Pablo II:

> «Si se admite, pues, una diversidad significativa de vocabulario, se puede concluir que el hombre (*'adam*) cae en ese 'sopor' para despertarse 'varón' y 'mujer'. Efectivamente, nos encontramos por primera vez en *Gen* 2, 23 con la distinción *'is-issah*. Quizá, pues, *la analogía del sueño* indica aquí no tanto un pasar de la conciencia a la subconsciencia cuanto un retorno específico al no-ser (el sueño comporta un componente de aniquilamiento de la existencia consciente del hombre), o sea, al momento antecedente a la creación, *a fin de que desde él, por iniciativa creadora de Dios, el 'hombre' solitario pueda surgir de nuevo* en su doble unidad de varón y mujer»[10].

---

[8] AG, 7-XI-1979, n. 3 (cap. VIII).
[9] AG, 14-XI-1979, n. 2 (cap. IX).
[10] AG, 7-XI-1979, n. 3 (cap. VIII).

Ideas-fuerza

No es posible detenerse aquí en todas las derivaciones que surgen de estas sugerentes páginas. Señalamos, solamente, tres líneas transversales: la idea de «principio», la idea de «imagen de Dios» y el «significado esponsalicio del cuerpo» marcado con la sexualidad. En efecto, son diversos los ejes que vertebran estas lecciones. No es único el hilo de Ariadna que permite atravesarlas.

1) Por un lado, *la idea del «principio»*, ya comentada, está omnipresente desde la primera hasta la última audiencia. Siempre con el mismo sentido de recuperar, gracias a la redención, la idea originaria que tuvo el Creador sobre el varón y la mujer, y que el ser humano pudo experimentar, aunque fuera sólo por breve tiempo. Esta visión permite sobrevolar todas las imágenes e interpretaciones sobre el cuerpo y la sexualidad que se han dado en el marco de la situación del hombre caído, donde el peso de las consecuencias del pecado ha deformado la realidad en su genuino sentido. Un sentido no utópico, sino posible después de la redención. Un sentido que puede devolver, en cierto modo, la alegría y la plenitud beatificante del comienzo, aunque sea tarea costosa. En este sentido se habla del «*ethos*» del cuerpo.

2) Otro hilo conductor es *la idea de «imagen de Dios»*. Dios al principio creó al hombre a su imagen, y lo hizo varón y mujer (cfr *Gen* 1, 26). Sólo en el primer relato de la creación la noción de «imagen de Dios» aparece tres veces. Por otra parte, según el Pontífice, el segundo relato, aunque no la nombra, constituye una explicitación de dicha imagen. Esto pone de relieve que la conceptualización de la imagen de Dios en el ser humano no está aún terminada de perfilar.

Como es sabido hasta hace poco tiempo la imagen de

Dios se circunscribía a que el ser humano era inteligente y libre, es decir, persona. Sin embargo en el análisis de *Génesis* 2 se pone de relieve que la imagen es sobre todo la que se da en la «comunión de personas»: se trata de una *imagen trinitaria*. En palabras de Juan Pablo II:

> «*El hombre se convierte en imagen de Dios no tanto en el momento de la soledad cuanto en el momento de la comunión.* Efectivamente, él es 'desde el principio' no sólo imagen en la que se refleja la soledad de una Persona que rige el mundo, sino también, y esencialmente, imagen de una inescrutable comunión divina de Personas. De este modo, el segundo relato podría también preparar a comprender el concepto trinitario de la 'imagen de Dios', aun cuando ésta aparece sólo en el primer relato»[11].

Por otra parte, la noción de «imagen de Dios» ha tenido otra línea evolutiva, que se podría resumir en tres pasos: 1. Adán teomorfo, Eva derivada. 2. Imagen asexuada en el alma. 3. La imagen holística, según la cual el ser humano sexuado es teomorfo en cuanto femenino y masculino[12]. Pues bien, la idea de la imagen de Dios que desarrolla Juan Pablo II es completamente moderna, pues no duda en afirmar que la imagen de Dios está no sólo en el alma sino también en el cuerpo y, por tanto, en el sexo con su masculinidad y feminidad[13]. Así, entre otros lugares, afirma:

---

[11] AG, 14-XI-1979, n. 3 (cap. IX).

[12] Cfr BORRESEN, Kari Elizabeth, *Imagen actualizada, tipología anticuada*, en Mª A. MACCIOCCHI, *Las mujeres según Wojtyla*, ed. Paulinas Madrid 1992, pp. 181-195. Como se expone en este artículo la Carta Apostólica *Mulieris dignitatem* recoge esta tercera posición. Cfr nn. 6-7.

[13] Entre otros lugares se puede señalar el siguiente: «la analogía del cuerpo humano y del sexo en relación al mundo de los animales –a la que podemos llamar analogía 'de la naturaleza'– en los dos relatos (aunque en cada uno de modo diverso), se eleva también, en cierto sentido, a nivel de 'imagen de Dios' y a nivel de persona y de comunión entre las personas»: Audiencia general, 9-I-1980, n. 6.

«El hombre, al que Dios ha creado 'varón y mujer', lleva impresa en el cuerpo, 'desde el principio', la imagen divina; varón y mujer constituyen como dos diversos modos del humano 'ser cuerpo' en la unidad de esa imagen»[14].

3) Otra línea conductora de las audiencias, conectada con la anterior, es la del *significado del cuerpo*. «El cuerpo es expresión de la persona» afirma en repetidas ocasiones. Ahí está su principal significado: hacer visible a la persona.

El significado del cuerpo lo califica como «esponsalicio», expresión que aparece en el capítulo XIV, y se va perfilando poco a poco. Que el cuerpo sea esponsalicio supone que lleva siempre impreso sus características femeninas o masculinas, es decir, pertenece siempre a un varón o a una mujer. En este lugar es preciso abordar qué entiende Juan Pablo II por «sexo». El sexo, en primer lugar, es constitutivo de la persona. En palabras suyas:

«La función del sexo, que en cierto sentido es 'constitutivo de la persona' (no sólo 'atributo de la persona'), demuestra lo profundamente que el hombre, con toda su soledad espiritual, con la unicidad e irrepetibilidad propia de la persona, está constituido por el cuerpo como 'él' o 'ella'»[15].

Para el Pontífice, no se debe tratar del sexo separadamente de la persona. Así afirma:

«Esta verificación puramente antropológica nos lleva, al mismo tiempo, al tema de la 'persona' y al tema 'cuerpo-sexo'. Esta simultaneidad es esencial. Efectivamente, si tratáramos del sexo sin la persona, quedaría destruida toda la educación de la antropología que encontramos en el libro del *Génesis*.

---

[14] AG, 2-I-1980, n. 2 (cap. XIII).
[15] AG, 21-XI-1979, n. 1 (cap. X).

Y entonces estaría velada para nuestro estudio teológico la luz esencial de la revelación del cuerpo, que se transparenta con tanta plenitud en estas primeras afirmaciones»[16].

En efecto, aunque el sexo se descubra en el cuerpo, «el sexo es algo más que la fuerza misteriosa de la corporeidad humana, que obra casi en virtud del instinto. A nivel del hombre y en la relación recíproca de las personas, el sexo expresa una superación siempre nueva del límite de la soledad del hombre inherente a la constitución de su cuerpo y determina su significado originario»[17].

Como advierte al hablar de los primeros capítulos del *Génesis*, aunque Dios creó sexuados a muchos animales, es significativo que la Biblia sólo subraye la diferencia del sexo respecto del hombre. Es decir, en el hombre el sexo deja de pertenecer al nivel de la «naturaleza» para ascender al nivel personal, al nivel más alto de las relaciones personales, porque el sexo determina la identidad y ser concreto del varón y de la mujer. Esto lo afirma claramente al hablar del específico «conocimiento» que el varón y la mujer pueden tener al unirse en «una sola carne»:

«Cada uno de ellos, varón y mujer, no es sólo un objeto pasivo, definido por el propio cuerpo y sexo, y de este modo determinado 'por la naturaleza'. Al contrario, precisamente por el hecho de ser varón y mujer, cada uno de ellos es 'dado' al otro como sujeto único e irrepetible, como 'yo' como persona. *El sexo* decide no sólo la individualidad somática del hombre, sino que *define* al mismo tiempo *su personal identidad y ser concreto*. Y precisamente *en esta personal identidad y ser concreto, como irrepetible 'yo' femenino-masculino, el hombre es 'conocido'*

---

[16] AG, 9-I-1980, n. 3 (cap. XIV).
[17] AG, 21-XI-1979, n. 2 (cap. X).

PRÓLOGO

cuando se verifican las palabras de Gen 2, 24: 'El
varón... se unirá a su mujer y los dos vendrán a ser
una sola carne'»[18].

Como dice claramente en otro lugar, el cuerpo humano, con su masculinidad y feminidad, manifiesta la comunión de personas:
«Atravesando la profundidad de esta soledad originaria surge ahora el hombre en la dimensión del
don recíproco, cuya expresión –que por esto mismo
es expresión de su existencia como persona– es el
cuerpo humano en toda la verdad originaria de su
masculinidad y feminidad. *El cuerpo,* que expresa la
feminidad 'para' la masculinidad, y viceversa, la
masculinidad 'para' la feminidad, *manifiesta la reciprocidad y la comunión de las personas*»[19].

Esto es así, porque la dimensión sexual del cuerpo
humano no se agota en el plano físico, sino que penetra
en las más altas esferas de la persona: «El cuerpo humano, orientado interiormente por el 'don sincero' de la persona, revela no sólo su masculinidad o feminidad en el
plano físico, sino que revela también este *valor* y esta *belleza de sobrepasar la dimensión simplemente física de la*
'sexualidad'. De este modo se completa, en cierto sentido,
la conciencia del significado esponsalicio del cuerpo, vinculado a la masculinidad-feminidad del hombre. Por un
lado, este significado indica una capacidad particular de
expresar el amor, en el que el hombre se convierte en
don; por otro, le corresponde la capacidad y la profunda
disponibilidad para la 'afirmación de la persona'»[20].

En este sentido de sobrepasar la dimensión exclusivamente física habla Juan Pablo II, por ejemplo, de la
«esencia espiritual de la masculinidad». Así: «El varón,
pues, no sólo acepta el don, sino que a la vez es acogido

---

[18] AG, 5-II-1980, n. 5 (cap. XX).
[19] AG, 9-I-1980, n. 4 (cap. XIV).
[20] AG, 16-I-1980, n. 4 (cap. XV).

como don por la mujer, en la revelación de la interior esencia espiritual de su masculinidad juntamente con –toda la verdad de su cuerpo y de su sexo»[21].

Significado esponsalicio del cuerpo humano

Para Juan Pablo II es importante descubrir el significado esponsalicio del cuerpo, que, como se ha visto, tiene estas dos manifestaciones: «ser capaz de expresar el amor» y «la capacidad y la profunda disponibilidad para la afirmación de la persona»; por ello el significado esponsalicio del cuerpo humano se puede comprender solamente en el contexto de la persona[22].

Este significado esponsalicio del cuerpo es ante todo virginal, es decir, el cuerpo manifiesta externamente la apertura al otro y esto no está necesariamente vinculado a la unión «en una sola carne». En efecto, en el Edén la primera comunión de personas que se dio entre Adán y Eva fue virginal, distinta de la unión en «una sola carne», que vino después. Es más, según expone Juan Pablo II, la unión específicamente conyugal hace revivir la unión virginal, que constituyó el valor originario[23].

Por ello, la vocación que descubrió Jesucristo, del ce-

---

[21] AG, 6-II-1980, n. 6 (cap. XVII).

[22] Cfr AG, 16-I-1980 (cap. XV).

[23] «El varón y la mujer, uniéndose entre sí (en el acto conyugal) tan íntimamente que se convierten en 'una sola carne' descubren de nuevo, por decirlo así, cada vez y de modo especial, el misterio de la creación, retornan así a esa unión en la humanidad ('carne de mi carne y hueso de mis huesos') que les permite reconocerse recíprocamente y llamarse por su nombre, como la primera vez. Esto significa revivir, en cierto sentido, *el valor originario virginal del hombre*, que emerge del misterio de su soledad frente a Dios y en medio del mundo. El hecho de que se conviertan en 'una sola carne' es un vínculo potente establecido por el Creador, a través del cual ellos descubren la propia humanidad tanto en su unidad originaria como en la dualidad de un misterioso atractivo recíproco»: AG, 21-XI-1979, n. 2 (cap. X).

libato por el reino de los cielos, no es incompatible con el significado esponsalicio del cuerpo, sino que en cierto modo lo significa más plenamente: «Si Cristo ha revelado al varón y a la mujer, por encima de la vocación al matrimonio, otra vocación –la de renunciar al matrimonio por el Reino de los cielos–, con esta vocación ha puesto de relieve la misma verdad sobre la persona humana. Si un varón o una mujer son capaces de darse en don por el Reino de los cielos, esto prueba a su vez (y quizá aún más) que existe la libertad del don en el cuerpo humano. Quiere decir que este cuerpo posee un pleno significado 'esponsalicio'»[24].

Ahora bien, este significado esponsalicio del cuerpo, se descubre gracias a la inocencia originaria que tenían varón y mujer en el paraíso. En aquel estado el cuerpo del otro no era para cada uno «objeto» sino expresión de su persona. Dicho con palabras de Juan Pablo II:

«En el relato de la creación (particularmente en *Gen* 2, 23-25), 'la mujer', ciertamente, no es sólo 'un objeto' para el varón, aun permaneciendo ambos el uno frente a la otra en toda la plenitud de su objetividad de criaturas, como 'hueso de mis huesos y carne de mi carne', como varón y mujer, ambos desnudos. Sólo la desnudez que hace 'objeto' a la mujer para el varón, o viceversa, es fuente de vergüenza. El hecho de que 'no sentían vergüenza' quiere decir que la mujer no era un 'objeto' para el varón, ni él para ella. (...) Tenían recíproca *conciencia del significado esponsalicio de sus cuerpos*, en el que se expresa la libertad del don y *se manifiesta toda la riqueza interior de la persona como sujeto*»[25].

En este estado de inocencia originaria, la libertad traspasaba sin dificultad todas las capacidades humanas.

---

[24] AG, 16-I-1980, n. 5 (cap. XV).
[25] AG, 20-II-1980, n. 1 (cap. XIX).

El ser humano no era coaccionado por las tendencias de su cuerpo, independiente en cierto modo de su espíritu, por una especie de instinto. Juan Pablo II expresa esta situación diciendo que eran «libres con la libertad del don»[26]. En esta expresión se nombra dos veces la libertad; pues bien, la primera vez la palabra «libres» indica el dominio de sí mismos, y la segunda vez la libertad es intrínseca al don. El don es por sí mismo un regalo, y no tiene necesidad de una manifestación concreta, porque no tiene solo una sino muchas manifestaciones. El don que se puede realizar haciéndose «una sola carne» no es necesario.

En el estado de naturaleza caída es más difícil advertir estas verdades, pero no dejan de ser eso, verdades originarias, posibles de advertir también para el hombre actual, si se sitúa en la perspectiva de la redención.

Las audiencias de los miércoles

Juan Pablo II comenzó a tratar de estos temas en las audiencias generales de los miércoles en septiembre de 1979, y en diversas etapas las prolongó hasta el 28 de noviembre de 1984. Eco de ese magisterio papal se encuentra también en los primeros capítulos de su Carta Apostólica *Mulieris dignitatem* (15.VIII.1988), y en la reciente Carta de Juan Pablo II a las mujeres (29.VI.1995).

En esta última Carta, que por hablar de antropología diferencial interesa también a los varones, insiste en que la ayuda entre varón y mujer no es unilateral sino *recíproca*, que la complemetariedad es también recíproca y se da en el plano físico, en el psíquico y en el ontológico. En palabras de Juan Pablo II:

---

[26] AG, 16-I-1980, n. 3 (cap. XV).

«En el libro del *Génesis* (...) se dice que el ser humano, desde el principio, es creado como 'varón y mujer' (*Gen* 1, 27). La Escritura misma da la interpretación de este dato: el hombre, aun encontrándose rodeado de las innumerables criaturas del mundo visible, ve que *está solo* (cfr *Gen* 2, 18). Dios interviene para hacerlo salir de tal situación de soledad: '*No es bueno que el hombre esté solo. Voy a hacerle una ayuda adecuada*' (*Gen* 2, 18). En la creación de la mujer está inscrito, pues, desde el inicio *el principio de la ayuda*: ayuda –mírese bien– no unilateral, sino *recíproca*. La mujer es el complemento del varón, como el varón es el complemento de la mujer: mujer y varón son entre sí *complementarios*. La feminidad realiza lo 'humano' tanto como la masculinidad, pero con una modulación diversa y complementaria.

»Cuando el *Génesis* habla de «ayuda», no se refiere solamente al ámbito del *obrar*, sino también al del *ser*. Feminidad y masculinidad son entre sí complementarias *no sólo desde el punto de vista físico y psíquico*, sino *ontológico*. Sólo gracias a la dualidad de lo 'masculino' y de lo 'femenino', lo 'humano' se realiza plenamente»[27].

En esta Carta habla también de la doble misión común que Dios encomendó al varón y a la mujer: la familia y el dominio del mundo a través de la cultura, como expresión dinámica de la «unidad de los dos», que Juan Pablo II califica como «'unidualidad' relacional». Citemos sus palabras:

«Después de crear al ser humano varón y mujer, Dios dice a ambos: 'Llenad la tierra y sometedla' (*Gen* 1, 28). No les da sólo el poder de procrear para perpetuar en el tiempo el género humano, sino que

---

[27] *Carta a la mujeres*, 29-VI-1995, n. 7.

les *entrega también la tierra como tarea, comprometiéndolos a administrar sus recursos con responsablidad* . El ser humano, ser racional y libre, está llamado a transformar la faz de la tierra. En este encargo, que esencialmente es obra de la cultura, *tanto el varón como la mujer* tienen desde el principio la misma responsabilidad. En su reciprocidad esponsal y fecunda, en su común tarea de dominar y someter la tierra, la mujer y el varón no reflejan una igualdad estática y uniforme, y ni siquiera una diferencia abismal e inexorablemente conflictiva: su relación más natural, de acuerdo con el designio de Dios, es la *'unidad de los dos'*, o sea un 'unidualidad' relacional, que permite a cada uno sentir la relación interpersonal y recíproca como un don enriquecedor y responsabilizante»[28].

En definitiva, se podría decir que el contenido de estas enseñanzas de Juan Pablo II es profundamente innovador para la antropología teológica y filosófica. Supone una notable aportación para una antropología de la sexualidad que apenas está incoada, y sus escasas realizaciones están condicionadas por la visión deformada que origina el pecado. Lo que no cabe dudar es que su lectura detenida aporta unos registros mentales nuevos, nuevas categorías, nuevas claves, para entender en profundidad al ser humano varón y mujer, en su igualdad y diferencia, tal y como fueron ideados y creados por la sabiduría y el querer de Dios.

Las bases de la antropología diferencial están establecidas. Desde las perspectivas abiertas nuevas cuestiones se insinúan y su dinámica pide continuar la tarea. La filosofía tiene pendiente determinar el estatuto ontológico de esa «unidualidad relacional». Y la teología, entre otras, tiene abiertas las siguientes cuestiones: aquilatar

---

[28] *Carta a las mujeres*, 29-VI-1995, n. 8.

cómo se da en el varón y en la mujer diferencialmente la imagen de la Trinidad; esclarecer el significado de por qué Cristo se encarnó varón; desarrollar cuál es el papel complementario del varón y la mujer en la tarea de la salvación.

Blanca Castilla de Cortázar
Doctora en Filosofía y Teología

Capítulo I
SIGNIFICADO DE LA PALABRA «PRINCIPIO»[1]

1. Desde hace algún tiempo están en curso los preparativos para la próxima Asamblea ordinaria del Sínodo de los Obispos, que se celebrará en Roma en el otoño del próximo año. El tema del Sínodo: *De muneribus familiae christianae* (Misión de la familia cristiana), concentra nuestra atención sobre esta comunidad de vida humana y cristiana, que *desde el principio* es fundamental. Precisamente de esta expresión, «*desde el principio*», se sirvió el Señor Jesús en el coloquio sobre el matrimonio, referido en el Evangelio de San Mateo y en el de San Marcos. Queremos preguntarnos qué significa esta palabra: «principio». Queremos además aclarar por qué Cristo se remite al «principio» precisamente en esta circunstancia, y, por tanto, nos proponemos un análisis más preciso del correspondiente texto de la Sagrada Escritura.

2. Jesucristo se refirió dos veces al «principio» durante la conversación con los fariseos, que le presentaban la cuestión sobre la indisolubilidad del matrimonio. La conversación se desarrolló del modo siguiente:

«... Se le acercaron unos fariseos con propósito de tentarle y le preguntaron: '¿Es lícito repudiar a la mujer por cualquier causa?'. Él respondió: '¿No habéis leído que

---

[1] Audiencia general (5-IX-1979).

JUAN PABLO II

al principio *el Creador los hizo varón y mujer'*, y dijo: *'Por eso dejará el hombre al padre y a la madre y se unirá a su mujer, y serán los dos una sola carne?* De manera que ya no son dos, sino una sola carne. Por tanto, lo que Dios unió no lo separe el hombre'. Ellos le replicaron: 'Entonces, ¿cómo es que Moisés ordenó dar libelo de divorcio al repudiar?'. Díjoles Él: 'Por la dureza de vuestro corazón os permitió Moisés repudiar a vuestras mujeres, pero *al principio no fue así'»* (*Mt* 19, 3 ss.; cfr *Mc* 10, 2 ss).

Cristo no acepta la discusión al nivel en que sus interlocutores tratan de introducirla; en cierto sentido, no aprueba la dimensión que ellos han intentado dar al problema. Evita enzarzarse en las controversias jurídico-casuísticas; y, en cambio, se remite dos veces al principio. Procediendo así, hace clara referencia a las palabras correspondientes del libro del *Génesis*, que también sus interlocutores sabían de memoria. De esas palabras de la revelación más antigua, Cristo saca la conclusión y se cierra la conversación.

3. *«Principio» significa, pues, aquello de que habla el libro del Génesis*. Y aunque Cristo cita al *Génesis* 1, 27 en forma resumida: «Al principio, el Creador los hizo varón y mujer», el pasaje original completo dice así textualmente: «Creó Dios al hombre a imagen suya, a imagen de Dios lo creó, y los creó varón y mujer». A continuación, el Maestro se remite al *Génesis* 2, 24: «Por eso dejará el hombre a su padre y a su madre y se unirá a su mujer, y vendrán a ser los dos una sola carne». Citando estas palabras casi *in extenso*, por completo, Cristo les da un significado normativo todavía más explícito (dado que podría ser hipotético que en el libro del *Génesis* sonaran como afirmaciones de hecho «dejará... se unirá... vendrán a ser una sola carne»). El significado normativo es admisible, en cuanto que Cristo no se limita sólo a la cita misma sino que añade: «De manera que ya no son dos, sino una

sola carne. Por tanto, lo que Dios unió no lo separe el hombre». Ese «No lo separe» es determinante. A la luz de esta palabra de Cristo, el *Génesis* 2, 24 enuncia el principio de la unidad e indisolubilidad del matrimonio como el contenido mismo de la Palabra de Dios, expresada en la revelación más antigua.

4. Al llegar a este punto, se podría sostener que el problema está concluido, que las palabras de Jesús confirman la ley eterna formulada e instituida por Dios desde el «principio» como la creación del hombre. Incluso podría parecer que el Maestro, al confirmar esta ley primordial del Creador, no hace más que establecer exclusivamente su propio sentido normativo, remitiéndose a la autoridad misma del primer Legislador. Sin embargo, esa expresión significativa: «desde el principio», repetida dos veces, induce claramente a los interlocutores a reflexionar sobre el modo en que Dios ha plasmado al hombre en el misterio de la creación, como «varón y mujer», para entender correctamente el sentido normativo de las palabras del *Génesis*. Y esto es tan válido para los interlocutores de hoy como lo fue para los de entonces. Por tanto, en el estudio presente, considerando todo esto, debemos meternos precisamente en la actitud de los interlocutores actuales de Cristo.

5. Durante las sucesivas reflexiones de los miércoles –en las audiencias generales, como interlocutores actuales de Cristo– intentaremos detenernos más largamente sobre las palabras de San Mateo (19, 3 ss.). Para responder a la indicación que Cristo ha encerrado en ellas, trataremos de penetrar en ese «principio» al que se refirió de modo tan significativo, y así seguiremos de lejos el gran trabajo que sobre este tema precisamente emprenden ahora los participantes en el próximo Sínodo de los Obispos. Junto con ellos toman parte numerosos grupos

27

de Pastores y de laicos que se sienten particularmente responsables de la misión que Cristo propone al matrimonio y a la familia cristiana: la misión que Él ha propuesto siempre y propone también en nuestra época, en el mundo contemporáneo.

El ciclo de reflexiones que comenzamos hoy, con intención de continuarlo durante los sucesivos encuentros de los miércoles, tiene como finalidad, entre otras cosas, *acompañar, de lejos por así decirlo, los trabajos* preparativos al Sínodo; pero no tocando directamente su tema, sino dirigiendo la atención a las raíces profundas de las que brota este tema.

Capítulo II
EL PRIMER RELATO DE LA CREACIÓN[1]

1. El miércoles pasado comenzamos el ciclo de reflexiones sobre la respuesta que Cristo Señor dio a sus interlocutores acerca de la pregunta sobre la unidad e indisolubilidad del matrimonio. Los interlocutores fariseos, como recordamos, apelaron a la ley de Moisés; Cristo, en cambio, se remitió al «principio» citando las palabras del libro del *Génesis*. *El «principio» en este caso se refiere a lo que trata una de las primeras páginas del libro del Génesis.* Si queremos hacer un análisis de esta realidad, debemos, sin duda, dirigirnos, ante todo, al texto. Efectivamente, las palabras pronunciadas por Cristo en la conversación con los fariseos, que nos relatan el capítulo 19 de San Mateo y el 10 de San Marcos, constituyen un pasaje que, a su vez, se encuadra en un contexto bien definido, sin el cual no pueden ser entendidas ni interpretadas justamente. Este contexto lo ofrecen las palabras: «¿No habéis leído que al principio el Creador los hizo varón y mujer...?» (*Mat* 19, 4), y hace referencia al llamado primer relato de la creación del hombre, inserto en el ciclo de los siete días de la creación del mundo (*Gen* 1, 1-2. 4). En cambio, el contexto más próximo a las otras palabras de Cristo, tomadas del *Génesis* 2, 24, es el llamado segundo relato de la crea-

---

[1] Audiencia general (12-IX-1979).

JUAN PABLO II

ción del hombre (*Gen* 2, 5-25), pero indirectamente es todo el capítulo tercero del *Génesis*. El segundo relato de la creación del hombre forma una unidad conceptual y estilística con la descripción de la inocencia original, de la felicidad del hombre e incluso de su primera caída. Dado lo específico del contenido expresado en las palabras de Cristo, tomadas del *Génesis* 2, 24, se podría incluir también en el contexto, al menos, la primera frase del capítulo cuarto del *Génesis*, que trata de la concepción y nacimiento del hombre de padres terrenos. Así intentamos hacer en el presente análisis.

2. *Desde el punto de vista de la crítica bíblica* es necesario recordar inmediatamente que *el primer relato de la creación del hombre es cronológicamente posterior al segundo*. El origen de este último es mucho más remoto. Este texto más antiguo se define como «yahvista», porque para nombrar a Dios se sirve del término «Yahveh». Es difícil no quedar impresionados por el hecho de que la imagen de Dios que presenta tiene rasgos antropomórficos bastante relevantes (efectivamente, entre otras cosas, leemos allí que «... formó Yahveh-Dios al hombre del polvo de la tierra y le inspiró en el rostro aliento de vida»: *Gen* 2, 7). Respecto a esta descripción, el primer relato, es decir, precisamente el considerado cronológicamente más reciente, es mucho más maduro por lo que se refiere a la imagen de Dios como por la formulación de las verdades esenciales sobre el hombre. Este relato proviene de la tradición sacerdotal y al mismo tiempo «elohísta» de «Elohim», término que emplea para nombrar a Dios.

3. Dado que en esta narración la *creación del hombre* como varón y mujer, a la que se refiere Jesús en su respuesta según *Mateo* 19, está incluida en el ritmo de los siete días de la creación del mundo, se le podría atribuir, sobre todo, un carácter cosmológico; el hombre es creado

sobre la tierra y al mismo tiempo que el mundo visible. Pero, a la vez, el Creador le ordena subyugar y dominar la tierra (cfr *Gen* 1, 28); está colocado, pues, por encima del mundo. Aunque el hombre esté tan estrechamente unido al mundo visible, sin embargo, la narración bíblica no habla de su semejanza con el resto de las criaturas, sino solamente con Dios («Dios creó al hombre a imagen suya, a imagen de Dios lo creó...»: *Gen* 1, 27). En el ciclo de los siete días de la creación es evidente una gradación precisa[2]; en cambio, el hombre no es creado según una sucesión natural, sino que el Creador parece detenerse antes de llamarlo a la existencia, como si volviese a entrar en sí mismo para tomar una decisión: «Hagamos al hombre a nuestra imagen y a nuestra semejanza...» (*Gen* 1, 26).

4. *El nivel de ese primer relato* de la creación del hombre, aunque *cronológicamente posterior, es, sobre todo, de carácter teológico.* De esto es índice especialmente la definición del hombre sobre la base de su relación con Dios («a imagen de Dios lo creó»), que incluye, al mismo tiempo, la afirmación de la imposibilidad absoluta de reducir el hombre al «mundo». Ya a la luz de las primeras frases de la Biblia, el hombre no puede ser ni comprendido ni

---

[2] Al hablar de la materia inanimada, el autor bíblico emplea diferentes predicados, como «separó», «llamó», «hizo», «puso». En cambio, al hablar de los seres dotados de vida, usa los términos «creó» y «bendijo». Dios les ordena: «Procread y multiplicaos». Este mandato se refiere tanto a los animales como al hombre, indicando que les es común la corporalidad (cfr *Gen* 1, 22. 28). Sin embargo, la creación del hombre se distingue esencialmente en la descripción bíblica de las precedentes obras de Dios. No sólo va precedida de una introducción solemne, como si se tratara de una deliberación de Dios antes de este acto importante, sino que, sobre todo, la dignidad excepcional del hombre se pone de relieve por la «semejanza» con Dios, de quien es imagen. Al crear la materia inanimada, Dios «separaba»; a los animales les manda procrear y multiplicarse; pero la diferencia del sexo está subrayada sólo respecto al hombre («varón y mujer los creó»), bendiciendo, al mismo tiempo, su fecundidad, es decir, el vínculo de las personas (*Gen* 1, 27-28).

explicado hasta el fondo con las categorías sacadas del
«mundo», es decir, del conjunto visible de los cuerpos. A
pesar de esto, también el hombre es cuerpo. El *Génesis* 1,
27 constata que esta verdad esencial acerca del hombre
se refiere tanto al varón como a la mujer: «Dios creó al
hombre a su imagen...; varón y mujer los creó»[3]. Es necesario reconocer que el primer relato es conciso, libre de
cualquier huella de subjetivismo: contiene sólo el hecho
objetivo y define la realidad objetiva tanto cuando habla
de la creación del hombre, varón y mujer, a imagen de
Dios, como cuando añade después las palabras de la primera bendición: «Y los bendijo Dios, diciéndoles: 'Procread y multiplicaos y henchid la tierra; sometedla y dominad'» (*Gen* 1, 28).

5. El primer relato de la creación del hombre, que, como hemos constatado, es de índole teológica, esconde en
sí una potente carga metafísica. No se olvide que precisamente este texto del libro del *Génesis* se ha convertido en
la fuente de las más profundas inspiraciones para los
pensadores que han intentado comprender el «ser» y el
«existir». (Quizá sólo el capítulo tercero del libro del *Éxodo* pueda resistir la comparación con este texto[4]). A pesar
de algunas expresiones pormenorizadas y plásticas del

---

[3] El texto original dice: «Dios creó al hombre (*ha-adam*, sustantivo
colectivo: ¿la 'humanidad'? / a su imagen; / a imagen de Dios los creó; /
macho (*zakar*, masculino) y hembra (*uneqebah*, femenino) los creó»
(*Gen* 1, 27).

[4] «*Haec sublimis veritas*»: «Yo soy el que soy» (*Ex* 3, 14) es objeto
de reflexión para muchos filósofos, comenzando por San Agustín,
quien pensaba que Platón debía conocer este texto porque le parecía
muy cercano a sus concepciones. La doctrina agustiniana de la divina
essentialitas ejerció, mediante San Anselmo, un profundo influjo en la
teología de Ricardo de San Víctor, de Alejandro de Alés y de San Bue-
naventura.

«Para pasar de esta interpretación filosófica del texto del Éxodo a
la de Santo Tomás es preciso necesariamente atravesar la distancia que
separa el ser de la esencia y el ser de la existencia. Las pruebas tomistas
de la existencia de Dios la han traspasado». («Pour passer de cette in-
terprétation philosophique du texte del'Exode á celle qu'allait saint

pasaje, el hombre está definido allí, ante todo, en las dimensiones del ser y del existir (*esse*). Está definido de modo más metafísico que físico. Al misterio de su creación («a imagen de Dios los creó») corresponde la perspectiva de la procreación («procread y multiplicaos y henchid la tierra»), de ese devenir en el mundo y en el tiempo, de ese *fieri* que está necesariamente unido a la situación metafísica de la creación: del ser contingente (*contingens*). Precisamente en este contexto metafísico de la descripción del *Génesis* 1 es necesario entender la entidad del bien, esto es, el aspecto del valor. Efectivamente este aspecto vuelve en el ritmo de casi todos los días de la creación y alcanza el culmen después de la creación del hombre: «Y vio Dios ser muy bueno cuanto había hecho» (*Gen* 1, 31). Por lo que se puede decir con certeza que el primer capítulo del *Génesis* ha formado un punto indiscutible de referencia y la base sólida para una metafísica e incluso para una antropología y una ética, según la cual *ens et bonum convertuntur*. Sin duda, todo esto tiene su significado también para la teología y, sobre todo, para la teología del cuerpo.

6. Al llegar aquí interrumpimos nuestras consideraciones. Dentro de una semana nos ocuparemos del segundo relato de la creación, es decir, del que, según los escrituristas, es más antiguo cronológicamente. La expresión «teología del cuerpo» que acabo de usar merece una explicación más exacta, pero la aplazamos para otro encuentro. Antes debemos tratar de profundizar en ese pasaje del libro del *Génesis* al que Cristo se remitió.

Thomas il fallait nécessairement franchir la distance qui sépare 'l'être de l'essence' de 'l'être de l'existence'. Las preuves thomistes de l'existence de Dieu l'ont franchie»).

Diversa es la posición del maestro Eckhart, que, basándose en este texto, atribuye a Dios la *«puritas essendi»*: «*est aliquid altius ente...*» (cfr E. GILSON, *Le Thomisme*, Paris 1944 [Vrin], pp. 122-127; E. GILSON, *History of Christian Philosophy in the Middle Ages*, London 1966 [Sheed and Ward], 810).

Capítulo III
EL SEGUNDO RELATO DE LA CREACIÓN[1]

1. Respecto a las palabras de Cristo sobre el tema del matrimonio en las que se remite al «principio», dirigimos nuestra atención hace una semana al primer relato de la creación del hombre en el libro del *Génesis* (cap. 1). Hoy pasaremos al segundo relato, que frecuentemente es conocido por «yahvista», ya que en él a Dios se le llama «Yahveh».

El segundo relato de la creación del hombre (vinculado a la presentación tanto de la inocencia y felicidad originales como a la primera caída) tiene un carácter diverso por su naturaleza. Aun no queriendo anticipar los detalles de esta narración –porque nos convendrá retornar a ellos en análisis ulteriores–, debemos constatar que todo el texto, *al formular la verdad sobre el hombre, nos sorprende con su profundidad típica*, distinta de la del primer capítulo del *Génesis*. Se puede decir que es una profundidad de naturaleza sobre todo subjetiva, y, por lo tanto, en cierto sentido, psicológica. El capítulo 2 del *Génesis* constituye, en cierto modo, la más antigua descripción registrada de la autocomprensión del hombre y junto con el capítulo 3 es el primer testimonio de la conciencia humana. Con una reflexión profunda sobre este texto –a través de toda la forma arcaica de la narración, que manifiesta

---

[1] Audiencia general (19-IX-1979).

su primitivo carácter mítico–[2] encontramos allí *in nucleo*
casi todos los elementos del análisis del hombre, a los
que es tan sensible la antropología filosófica moderna y,
sobre todo, la contemporánea. Se podría decir que el *Gé-*

---

[2] Si en el lenguaje del racionalismo del siglo XIX, el término «mito»
indicaba lo que no se contenía en la realidad, el producto de la imagi-
nación (Wundt), o lo que es irracional (Lévy-Bruhl); el siglo XX ha mo-
dificado la concepción del mito.
    L. Walk ve en el mito la filosofía natural, primitiva y arreligiosa;
R. Otto lo considera instrumento de conocimiento religioso; para
C.G. Jung, en cambio, el mito es manifestación de los arquetipos y la
expresión del «inconsciente colectivo», símbolo de los procesos interiores.
    M. Eliade descubre en el mito la estructura de la realidad que es
inaccesible a la investigación racional y empírica; efectivamente, el
mito transforma el suceso en categoría y hace capaz de percibir la realidad trascendente; no es sólo símbolo de los procesos interiores (como
afirma Jung), sino un acto autónomo y creativo del espíritu humano
mediante el cual se actúa la revelación (cfr *Traité d'histoire des religions*
[Paris 1949], p. 363; *Images et symboles* [Paris 1952], pp. 199-235).
    Según P. Tillich, el mito es un símbolo constituido por los elemen-
tos de la realidad para presentar lo absoluto y la trascendencia del ser
a los que tiende el acto religioso.
    H. Schlier subraya que el mito no conoce los hechos históricos y
no tiene necesidad de ellos, en cuanto describe lo que es destino cósmi-
co del hombre, que es siempre igual.
    Finalmente, el mito tiende a conocer lo que es incognoscible.
    Según P. Ricoeur, «el mito es una explicación del mundo, de la
historia, y del destino; expresa, en términos de mundo, ver de otro modo o de un segundo modo, la comprensión que el hombre capta de él
mismo en referencia al fundamento y al límite de su existencia. [...] Expresa en un lenguaje objetivo el sentido que el hombre capta de su dependencia a la vista de aquello que se refiere al límite y al origen del
mundo». (P. RICOEUR, *Le conflit des interprétations* [Paris, Seuil, 1969],
p. 383).
    «El mito adámico es por excelencia el mito antropológico; Adán
quiere decir Hombre; pero todo mito del 'hombre primordial' no es mito adámico, que es el único propiamente antropológico; en él se desig-
nan tres rasgos:
    — el mito etiológico refiere el origen del mal a un antepasado de la
humanidad actual cuya condición es homogénea a la nuestra [...];
    — el mito etiológico es la tentativa más extrema para desdoblar el
origen del mal y del bien. La intención de este mito es la de dar consis-
tencia a un origen radical del mal distinto del origen más originario
del ser-bueno de las cosas [...]. Esta distinción de lo radical y de lo originario es esencial al carácter antropológico del mito adámico; es
aquel que hace del hombre un comienzo del mal en el seno de una creación que tiene ya su comienzo absoluto en el acto creador de Dios;

nesis 2 presenta la creación del hombre especialmente en el aspecto de su subjetividad. Confrontando a la vez ambos relatos, llegamos a la convicción de que esta subjetividad corresponde a la realidad objetiva del hombre, creado «a imagen de Dios». E incluso este hecho es –de otro modo– importante para la teología del cuerpo, como veremos en los análisis siguientes.

2. Es significativo que Cristo, en su respuesta a los fariseos, en la que se remite al «principio», indica ante todo la creación del hombre con referencia al *Génesis* 1, 27: «El Creador al principio los creó varón y mujer»; sólo a continuación cita el texto del *Génesis* 2, 24. Las palabras que describen directamente la unidad e indisolubilidad del matrimonio se encuentran *en el contexto inmediato del segundo relato de la creación,* cuyo rasgo característico es la creación por separado de la mujer (cfr *Gen* 2, 18-23), mientras que el relato de la creación del primer hombre (varón) se halla en el *Génesis* 2, 5-7. A este primer ser humano la Biblia lo llama «hombre» (*'adam*), mientras que por el contrario, desde el momento de la creación de la primera mujer comienza a llamarlo «varón», *'is*, en re-

---

— el mito adámico subordina a la figura central del hombre primordial otras figuras que tienden a descentrar el relato, sin suprimir por tanto la primacía de la figura adámica. [...].

El mito, llamando Adán al hombre, explicita la universalidad concreta del mal humano; el espíritu de penitencia cobra en el mito adámico el símbolo de esta universalidad. Encontramos así (...) la función universal del mito. Pero al mismo tiempo nos encontramos las otras dos funciones, igualmente suscitadas por la experiencia penitencial (...). El mito proto-histórico sirve así no solamente para generalizar la experiencia de Israel a la humanidad de todo tiempo y de todos los lugares, sino para entender allí la gran tensión de la condenación y de la misericordia que los profetas habían enseñado a discernir en el propio destino de Israel.

En fin, la última función del mito, motivada en la fe de Israel es que el mito prepara la especulación explorando el punto de ruptura de lo ontológico y lo histórico». (P. Ricoeur, *Finitude et culpabilité* II, en *Symbolique du mal* [Paris 1960, Aubier], pp. 218-227).

lación a 'issa («mujer» «porque está sacada del varón» =
'is)[3]. Y es también significativo que, refiriéndose al *Gen 2,
24*, *Cristo no sólo une el «principio» con el misterio de la
creación, sino también nos lleva por decirlo así, al límite de
la primitiva inocencia del hombre y del pecado original*. La
segunda descripción de la creación del hombre ha queda-
do fijada en el libro del *Génesis* precisamente en este contexto. Allí leemos ante todo: «De la costilla que del hombre tomara formó Yahveh-Dios a la mujer y se la
presentó al hombre. El hombre exclamó: 'Esto sí que es
ya hueso de mis huesos y carne de mi carne. Ésta se llamará varona, porque del varón ha sido tomada'» (*Gen 2,
22-23*). «Por eso dejará el hombre a su padre y a su madre y se unirá a su mujer, y vendrán a ser los dos una sola carne» (*Gen 2, 24*). «Estaban ambos desnudos, el varón
y su mujer, sin avergonzarse de ello» (*Gen 2, 25*).

3. A continuación, inmediatamente después de estos
versículos, comienza el *Génesis* 3 la narración de la primera caída del varón y de la mujer, vinculada al árbol
misterioso, que ya antes ha sido llamado «árbol de la
ciencia del bien y del mal» (*Gen 2, 17*). Con esto surge
una situación completamente nueva, esencialmente distinta de la precedente. El árbol de la ciencia del bien y
del mal es una línea divisoria entre las dos situaciones
originarias de las que habla el libro del *Génesis*. La primera situación es la de la inocencia original, en la que el
hombre (varón y mujer) se encuentran casi fuera del conocimiento del bien y del mal hasta que no quebranta la
prohibición del Creador y no come del fruto del árbol de

---

[3] En cuanto a la etimología, no se excluye que el término hebreo 'is
se derive de una raíz que significa «fuerza» (*'is* también *w's*); en cambio, *'issa* está unido a una serie de términos semíticos, cuyo significado
oscila entre «hembra» y «mujer».

La etimología propuesta por el texto bíblico es de carácter popular
y sirve para subrayar la unidad del origen del hombre y de la mujer;
esto parece confirmado por la asonancia de ambas palabras.

la ciencia. La segunda situación, en cambio, es ésa en la que el hombre, después de haber quebrantado el mandamiento del Creador por sugestión del espíritu maligno simbolizado en la serpiente, se halla, en cierto modo dentro del conocimiento del bien y del mal. Esta segunda situación determina el estado pecaminoso del hombre, contrapuesto al estado de inocencia primitiva. Aunque el texto yahvista sea muy conciso en su conjunto, basta, sin embargo, para diferenciar y *contraponer con claridad esas dos situaciones originarias*. Hablamos aquí de situaciones teniendo ante los ojos el relato, que es una descripción de acontecimientos. No obstante, a través de esta descripción y de todos sus pormenores, surge la diferencia esencial *entre el estado pecaminoso del hombre y el de su inocencia original*[4]. La teología sistemática entreverá en

---

[4] «El mismo lenguaje religioso pide la transposición de las 'imágenes', o mejor, 'modalidades simbólicas', a 'modalidades conceptuales' de expresión.
A primera vista, esta transposición puede parecer un cambio puramente extrínseco [...]. El lenguaje simbólico parece inadecuado para emprender el camino del concepto por un motivo que es peculiar de la cultura occidental. En esta cultura, el lenguaje religioso ha estado siempre condicionado por otro lenguaje conceptual *por excelencia* [...]. Si es verdad que un vocabulario religioso es comprendido sólo en una comunidad que lo interpreta y según una tradición de interpretación, sin embargo, también es verdad que no existe tradición de interpretación que no esté 'mediatizada' por alguna concepción filosófica.
He aquí que la palabra 'Dios', que en los textos bíblicos recibe su significado por la convergencia de diversos modos de la narración (relatos y profecías, textos de legislación y literatura sapiencial, proverbios e himnos) –vista esta convergencia tanto como el punto de intersección como el horizonte que se desvanece en toda y cualquier forma–, debió ser absorbida en el espacio conceptual para ser reinterpretada en los términos del Absoluto filosófico como primer motor, causa primera, *actus essendi*, ser perfecto, etc. Nuestro concepto de Dios pertenece, pues, a una onto-teología en la que se organiza toda la constelación de las palabras-clave de la semántica teológica, pero en un marco de significados dictados por la metafísica» (PAUL RICOEUR, *Ermeneutica biblica* [Brescia 1978, Morcelliana], pp. 140-141, título original: *Biblical Hermeneutics* [Montana 1975]).
La cuestión sobre si la reducción metafísica expresa realmente el contenido que oculta en sí el lenguaje simbólico y metafórico, es un tema aparte.

estas dos situaciones antitéticas dos estados diversos de la naturaleza humana: *status naturae integrae* (estado de naturaleza íntegra) y *status naturae lapsae* (estado de naturaleza caída). Todo esto brota de ese texto «yahvista» del *Gen* 2 y 3 que encierra en sí la palabra más antigua de la revelación y evidentemente tiene un significado fundamental para la teología del hombre y para la teología del cuerpo.

4. Cuando Cristo, refiriéndose al «principio», lleva a sus interlocutores a las palabras de *Gen* 2, 24, les ordena, en cierto sentido, sobrepasar el límite que en el texto yahvista del *Génesis* hay entre la primera y la segunda situación del hombre. No aprueba lo que «por dureza del corazón» permitió Moisés y se remite a las palabras de la primera disposición divina, que en este texto está expresamente ligada al estado de inocencia original del hombre. Esto significa que esta disposición no ha perdido su vigencia aunque el hombre haya perdido la inocencia primitiva. *La respuesta de Cristo* es decisiva y sin equívocos. Por esto *debemos sacar de ella las conclusiones* normativas, que tienen un significado esencial no sólo para la ética, sino sobre todo, para la teología del hombre y para la teología del cuerpo, que, como un punto particular de la antropología teológica, se establece sobre el fundamento de la palabra de Dios que se revela. Trataremos de sacar estas conclusiones en el próximo encuentro.

Capítulo IV
PERSPECTIVA DE LA REDENCIÓN DEL CUERPO[1]

1. Cristo, respondiendo a la pregunta sobre la unidad y la indisolubilidad del matrimonio, se remitió a lo que está escrito en el libro del *Génesis* sobre el tema del matrimonio. En nuestras dos reflexiones precedentes hemos sometido a análisis tanto el llamado texto elohísta (*Gen* 1) como el yahvista (*Gen* 2). Hoy queremos sacar algunas conclusiones de este análisis.

Cuando Cristo se refiere al «principio», lleva a sus interlocutores a superar, en cierto modo, el límite que en el libro del *Génesis* hay entre el estado de inocencia original y el estado pecaminoso que comienza con la caída original.

Simbólicamente, se puede vincular este límite con el árbol de la ciencia del bien y del mal, que en el texto yahvista delimita dos situaciones diametralmente opuestas: la situación de la inocencia original y la del pecado original. Estas situaciones tienen una dimensión propia en el hombre, en su interior, en su conocimiento, conciencia, opción y decisión, y todo esto en relación con Dios Creador, que en el texto yahvista (*Gen* 2 y 3) es, al mismo tiempo, el Dios de la Alianza; de la Alianza más antigua del Creador con su criatura, es decir, con el hombre. El árbol de la ciencia del bien y del mal, como expresión y

---
[1] Audiencia general, 26-IX-1979.

símbolo de la alianza con Dios, rota en el corazón del hombre, delimita y contrapone dos situaciones y dos estados diametralmente opuestos: el de la inocencia original y el del pecado original, y a la vez del estado pecaminoso hereditario en el hombre que deriva de dicho pecado. Sin embargo, *las palabras de Cristo* que se refieren al «principio» *nos permiten encontrar en el hombre una continuidad esencial y un vínculo* entre estos dos diversos estados o dimensiones del ser humano. El estado de pecado forma parte del «hombre histórico», tanto del que se habla en *Mateo* 19, esto es, del interlocutor de Cristo entonces, como también de cualquier otro interlocutor potencial o actual de todos los tiempos de la historia, y, por lo tanto, naturalmente, también del hombre de hoy. Pero ese estado –el estado «histórico» precisamente– en cada uno de los hombres, sin excepción alguna, hunde las raíces en su propia «prehistoria» teológica, que es el de estado de la inocencia original.

2. No se trata aquí de sola dialéctica. Las leyes del conocer responden a las del ser. Es imposible entender el estado pecaminoso «histórico» sin referirse o remitirse (y Cristo efectivamente a él se remite) al estado de inocencia original (en cierto sentido «prehistórica») y fundamental. El brotar, pues, del estado pecaminoso, como dimensión de la existencia humana está desde los comienzos en relación con esta inocencia real del hombre como estado original y fundamental, como dimensión del ser creado «a imagen de Dios». Y así sucede no sólo para el primer hombre, varón y mujer, como *dramatis personae* y protagonista de las vicisitudes descritas en el texto yahvista de los capítulos 2 y 3 del *Génesis*, sino también para todo el recorrido histórico de la existencia humana. *El hombre histórico está, pues, por así decirlo, arraigado en su prehistoria teológica revelada*, y por esto cada punto de su estado pecaminoso histórico se explica

(tanto para el alma como para el cuerpo) con referencia a la inocencia original. Se puede decir que esta referencia es «coheredad» del pecado, y precisamente del pecado original. Si este pecado significa, en cada hombre histórico, un estado de gracia perdida, entonces implica también una referencia a esta gracia, que era precisamente la gracia de la inocencia original.

3. Cuando Cristo, según el capítulo 19 de San Mateo, se remite al «principio», con esta expresión no indica sólo el estado de inocencia original como horizonte perdido de la existencia humana en la historia. Tenemos el derecho de atribuir, al mismo tiempo, toda la elocuencia del misterio de la redención a las palabras que Él pronuncia con sus propios labios. Efectivamente, ya en el ámbito del mismo texto yahvista de *Gen* 2 y 3 somos testigos de que el hombre, varón y mujer, después de haber roto la alianza original con su Creador, recibe la primera promesa de redención en las palabras del llamado Protoevangelio en el *Gen* 3, 15[2] y comienza a vivir *en la pers-*

---

[2] Ya la traducción griega del Antiguo Testamento, la de los Setenta, que se remonta, más o menos, al siglo II a. C., interpreta el *Gen* 3, 15 en el sentido mesiánico, aplicando el pronombre masculino *autós* refiriéndose al sustantivo neutro griego *sperma* (*semen* de la Vulgata). La traducción judía mantiene esta interpretación.

La exégesis cristiana, comenzando por San Ireneo (*Adv. haer.* III 23, 7), ve este texto como «Protoevangelio», que preanuncia la victoria sobre Satanás traída por Jesucristo. Aunque en los últimos siglos los estudiosos de la Sagrada Escritura hayan interpretado diversamente esta perícopa y algunos de ellos impugnen la interpretación mesiánica, sin embargo, en los últimos tiempos se retorna a ella bajo un aspecto un poco distinto. El autor yahvista une efectivamente la prehistoria con la historia de Israel, que alcanza su cumbre en la dinastía mesiánica de David, que llevará a cumplimiento las promesas del *Gen* 3, 15 (cfr 2 *Sam* 7,12).

El Nuevo Testamento ha ilustrado el cumplimiento de la promesa en la misma perspectiva mesiánica: Jesús es Mesías, descendiente de David (*Rom* 1, 3; 2 *Tim* 2, 8), nacido de mujer (*Gal* 4, 4), nuevo Adán-David (*1 Cor* 15), que debe reinar «hasta poner a todos sus enemigos bajo sus pies» (*1 Cor* 15, 25). Y, finalmente (*Ap* 12, 1-10), presenta el cumplimiento final de la profecía del *Gen* 3, 15 que, aun no siendo un

pectiva teológica de la redención. Así, pues, el hombre «histórico» –tanto el interlocutor de Cristo de aquel tiempo del que habla *Mt* 19, como el hombre de hoy– participa de esta perspectiva. Él participa no sólo *en la historia del estado pecaminoso humano* como un sujeto hereditario y, a la vez, personal e irrepetible de esta historia, sino que participa *en la historia de la salvación,* bien aquí como su sujeto y cocreador. Por lo tanto, está no sólo cerrado, a causa de su estado pecaminoso, respecto a la inocencia original, sino que está, al mismo tiempo, abierto hacia el misterio de la redención, que se ha realizado en Cristo y a través de Cristo. Pablo, autor de la *Carta a los Romanos,* presenta esta perspectiva de la redención en la que vive el hombre «histórico» cuando escribe: «...también nosotros, que tenemos las primicias del Espíritu, gemimos dentro de nosotros mismos, suspirando por... la redención de nuestro cuerpo» (*Rom* 8, 23). No podemos perder de vista esta perspectiva mientras seguimos las palabras de Cristo, que en su conversación sobre la indisolubilidad del matrimonio recurre al «principio». Si ese «principio» indicase sólo la creación del hombre como «varón y mujer», si –como ya hemos señalado– llevase a los interlocutores sólo a través del límite del estado de pecado del hombre hasta la inocencia original y no abriese, al mismo tiempo, la perspectiva de una «redención del cuerpo», la respuesta de Cristo no sería realmente entendida de modo adecuado. Precisamente *esta perspectiva de la redención del cuerpo garantiza la continuidad y la unidad* entre el estado hereditario del pecado del hombre y su inocencia original, aunque esta inocencia la haya perdido históricamente de modo irremediable. También es evidente que Cristo tiene el máximo derecho de responder a la pregunta que le propusieron los doctores de

---

anuncio claro e inmediato de Jesús como Mesías de Israel, sin embargo, conduce a Él a través de la tradición real y mesiánica que une el Antiguo y el Nuevo Testamento.

la Ley y de la Alianza (como leemos en *Mt* 19 y en *Mc* 10) en la perspectiva de la redención, sobre la cual se apoya la misma Alianza.

4. Si en el contexto de la teología del hombre-cuerpo, así delineado sustancialmente, pensamos en el *método* de los análisis ulteriores acerca de la revelación del «principio», en el que es esencial la referencia a los primeros capítulos del libro del *Génesis*, debemos dirigir inmediatamente nuestra atención a un factor que es particularmente importante para la interpretación teológica; importante porque consiste en la relación entre Revelación y experiencia. En la interpretación de la Revelación acerca del hombre y, sobre todo, acerca del cuerpo, debemos referirnos a la experiencia por razones comprensibles, ya que el hombre-cuerpo lo percibimos, sobre todo, con la experiencia. A la luz de las mencionadas consideraciones fundamentales tenemos pleno derecho de abrigar la convicción de que esta nuestra experiencia «histórica» debe, en cierto modo, detenerse en los umbrales de la inocencia original del hombre, porque en relación con ella permanece inadecuada. Sin embargo, a la luz de las mismas consideraciones introductorias, debemos llegar a la convicción de que *nuestra experiencia humana es*, en este caso, *un medio de algún modo legítimo para la interpretación teológica* y es, en cierto sentido, un punto de referencia indispensable al que debemos remitirnos en la interpretación del «principio». El análisis más detallado del texto nos permitirá tener una visión más clara de él.

5. Parece que las palabras de la *Carta a los Romanos* 8, 23 que acabamos de citar orientan mejor nuestras investigaciones centradas en la revelación de ese «principio», al que se refirió Cristo en su conversación sobre la indisolubilidad del matrimonio (*Mt* 19 y *Mc* 10). Todos los análisis sucesivos que se harán a este propósito

basándose en los primeros capítulos del *Génesis*, reflejarán casi necesariamente la verdad de las palabras paulinas: «Nosotros, que tenemos las primicias del Espíritu gemimos dentro de nosotros mismos, suspirando por... la redención de nuestro cuerpo». Si nos ponemos en esta actitud –tan profundamente concorde con la experiencia[3]–, el «principio» debe hablarnos con la gran riqueza de luz que proviene de la Revelación, a la que desea responder, sobre todo, la teología. La continuación de los análisis nos explicará por qué y en que sentido ésta debe ser teología del cuerpo.

---

[3] Hablando aquí de la relación entre la «experiencia» y la «revelación», más aún, de una convergencia sorprendente entre ellas, sólo queremos constatar que el hombre, en su estado actual de existir en el cuerpo, experimenta múltiples limitaciones, sufrimientos, pasiones, debilidades y, finalmente, la misma muerte, los cuales, al mismo tiempo, refieren éste su existir en el cuerpo a un diverso estado o dimensión. Cuando San Pablo escribe sobre la «redención del cuerpo», habla con el lenguaje de la revelación; la experiencia, efectivamente, no está en condiciones de captar este contenido o mejor esta realidad. Al mismo tiempo, en el conjunto de este contenido, el autor de *Rom* 8, 23 toma de nuevo todo lo que, tanto a él como, en cierto modo, a todo hombre (independientemente de su relación con la revelación), se le ha ofrecido a través de la experiencia de la existencia humana, que es una existencia en el cuerpo.

Tenemos, pues, el derecho de hablar de la relación entre la experiencia y la revelación; más aún, tenemos el derecho de proponer el problema de su relación recíproca, si bien, para muchos, entre la una y la otra hay una línea de demarcación, que es una línea de total antítesis y de antinomia radical. Esta línea, a su parecer, debe ser trazada, sin duda, entre la fe y la ciencia, entre la teología y la filosofía. Al formular este punto de vista, se tienen en cuenta, más bien, conceptos abstractos que no el hombre como sujeto vivo.

Capítulo V
LA SOLEDAD ORIGINARIA[1]

1. En la última reflexión del presente ciclo hemos llegado a una conclusión introductoria, sacada de las palabras del libro del *Génesis* sobre la creación del hombre como varón y mujer. A estas palabras, o sea, al «principio», se refirió el Señor Jesús en su conversación sobre la indisolubilidad del matrimonio (cfr *Mt* 19, 3-9; *Mc* 10, 1-12). Pero la conclusión a que hemos llegado no pone fin todavía a la serie de nuestros análisis. Efectivamente, debemos leer de nuevo las narraciones del capítulo primero y segundo del libro del *Génesis* en un contexto más amplio, que nos permitirá establecer una serie de significados del texto antiguo, al que se refirió Cristo. Por tanto, hoy reflexionaremos *sobre el significado de la soledad originaria del hombre*.

2. El punto de partida para esta reflexión nos lo dan directamente las siguientes palabras del libro del *Génesis*: «No es bueno que el hombre (varón) esté solo; voy a hacerle una ayuda semejante a él» (*Gen* 2, 18). Es Dios-Yahveh quien dice estas palabras. Forman parte del segundo relato de la creación del hombre, y provienen, por lo tanto, de la tradición yahvista. Como hemos recordado anteriormente, es significativo que, en cuanto al texto yahvis-

---

[1] Audiencia general 10-X-1979.

ta, el relato de la creación del hombre (varón) es un pasaje aislado (cfr *Gen* 2, 7), que precede al relato de la creación de la primera mujer (cfr *Gen* 2, 21-22). Además, es significativo que el primer hombre (*'adam*), creado del «polvo de la tierra», sólo después de la creación de la primera mujer es definido como «varón» (*'is*). Así, pues, cuando Dios-Yahveh pronuncia las palabras sobre la soledad, las refiere a la soledad del «hombre» en cuanto tal, y no sólo a la del varón[2].

Pero es difícil, basándose sólo en este hecho, ir demasiado lejos al sacar las conclusiones. Sin embargo, el contexto completo de esa sociedad de la que habla el *Génesis* 2, 18 puede convencernos de que se trata de la soledad del «hombre» (varón y mujer) y no sólo de la soledad del hombre-varón producida por la ausencia de la mujer. Parece, pues, basándonos en todo el contexto, que esta *soledad tiene dos significados: uno que se deriva de la naturaleza misma del hombre*, es decir, de su humanidad (y esto es evidente en el relato del *Gen* 2), y *otro que se deriva de la relación varón-mujer*; y esto es evidente, en cierto modo, en base al primer significado. Un análisis detallado de la descripción parece confirmarlo.

3. El problema de la soledad se manifiesta únicamente en el contexto del segundo relato de la creación del hombre. En el primer relato no existe este problema. Allí el hombre es creado en un solo acto como «varón y mujer» («Dios creó al hombre a imagen suya... varón y mujer los creó»: *Gen* 1, 27). El segundo relato, que, como ya

---

[2] El texto hebreo llama constantemente al primer hombre *ha'adam*, mientras el término *'is* («varón») se introduce solamente cuando surge la confrontación con la *'issa* («mujer»).

«El hombre», pues, estaba solitario sin referencia al sexo.

Pero en la traducción a algunas lenguas europeas es difícil expresar este concepto del Génesis, porque «hombre» y «varón» se definen, ordinariamente, con una sola palabra: «homo», «uomo», «homme», «hombre», «man».

hemos mencionado, habla primero de la creación del hombre y sólo después de la creación de la mujer de la «costilla» del hombre, concentra nuestra atención sobre el hecho de que «el hombre está solo»; y esto se presenta como un problema antropológico fundamental, anterior, en cierto sentido, al propuesto por el hecho de que este hombre sea varón y mujer. Este problema es anterior no tanto en el sentido cronológico cuanto en el sentido existencial: es anterior «por su naturaleza». Así se revelará también el problema de la soledad del hombre desde el punto de vista de la teología del cuerpo si llegamos a hacer un análisis profundo del segundo relato de la creación en *Génesis* 2.

4. La afirmación de Dios-Yahveh: «no es bueno que el hombre esté solo», aparece no sólo en el contexto inmediato de la decisión de crear a la mujer («voy a hacerle una ayuda semejante a él»), sino también en el contexto más amplio de motivos y circunstancias, *que explican más profundamente el sentido de la soledad originaria del hombre*. El texto yahvista vincula, ante todo, la creación del hombre con la necesidad de «trabajar la tierra» (*Gen* 2, 5), y esto correspondería, en el primer relato, a la vocación de someter y dominar la tierra (cfr *Gen* 1, 28). Después, el segundo relato de la creación habla de poner al hombre, en el «jardín en Edén», y de este modo nos introduce en el estado de su felicidad original. Hasta este momento, el hombre es objeto de la acción creadora de Dios-Yahveh, quien al mismo tiempo, como legislador, establece las condiciones de la primera alianza con el hombre. Ya a través de esto se subraya la subjetividad del hombre, que encuentra una expresión ulterior cuando el Señor Dios «trajo ante el hombre (varón) todos cuantos animales del campo y cuantas aves del cielo formó de la tierra para que viese cómo las llamaría» (*Gen* 2, 19). Así pues, el significado primitivo de la soledad originaria del

hombre está definido a base de un *test* específico o de un examen que el hombre sostiene frente a Dios (y, en cierto modo, también frente a sí mismo). Mediante este *test*, el hombre toma conciencia de la propia superioridad, es decir, no puede ponerse al nivel de ninguna otra especie de seres vivientes sobre la tierra.

En efecto, como dice el texto, «y fuese el nombre de todos los vivientes el que él les diera» (*Gen* 2, 19). «Y dio el hombre nombre a todos los ganados, y a todas las aves del cielo, y a todas las bestias del campo; pero –termina el autor– entre todos ellos no había para el hombre (varón) ayuda semejante a él» (*Gen* 2, 19-20).

5. Toda esta parte del texto es, sin duda, una preparación para el relato de la creación de la mujer. Sin embargo, posee un significado profundo, aun independientemente de esta creación. He aquí que *el hombre creado* se encuentra, desde el primer momento de su existencia, *frente a Dios*, como en búsqueda de la propia entidad; se podría decir, en búsqueda de la definición de sí mismo. Un contemporáneo diría: en búsqueda de la propia «identidad». La constatación de que el hombre «está solo» en medio del mundo visible, y en especial entre los seres vivientes, tiene un significado negativo en este estudio, en cuanto expresa lo que él «no es». No obstante, la constatación de no poderse identificar esencialmente con el mundo visible de los otros seres vivientes (*animalia*) tiene, al mismo tiempo, un aspecto positivo para este estudio primario; aun cuando esta constatación no es todavía una definición completa, constituye, sin embargo, uno de sus elementos. Si aceptamos la tradición aristotélica en la lógica y en la antropología, sería necesario definir este elemento como «género próximo» (*genus proximum*)[3].

---

[3] «An *essential* (quidditive) definition is a statement which explains

6. El texto yahvista nos permite, sin embargo, descubrir incluso elementos ulteriores en ese maravilloso pasaje en el que el hombre se encuentra solo frente a Dios, sobre todo para expresar, a través de una primera autodefinición, el propio autoconocimiento, como manifestación primitiva y fundamental de humanidad. El autoconocimiento va a la par del conocimiento del mundo, de todas las criaturas visibles, de todos los seres vivientes, a los que el hombre ha dado nombre para afirmar, frente a ellos, la propia diversidad. Así, pues, la conciencia revela al hombre como el que *posee la facultad cognoscitiva* respecto *al mundo visible*. Con este conocimiento que le hace salir, en cierto modo, fuera del propio ser, al mismo tiempo *el hombre se revela a sí mismo en toda la peculiaridad de su ser*. No está solamente esencial y subjetivamente solo. En efecto, soledad significa también subjetividad del hombre, la cual se constituye a través del autoconocimiento. El hombre está solo porque es «dife-

---

the *essence or nature* of things. It will be essential when we can define a thing by its *proximate genus* and *specific differentia*.

The *proximate genus* includes within its comprehension all the essential elements of the genera above it and therefore includes all the beings that are cognate or similar in nature to the thing that is being defined; the *specific differentia*, on the other hand, brings in the distinctive element which separates this thing from all others of a similar nature, by showing in what manner it is different from all others, with which it might be erroneously identified.

'Man' is defined as a 'rational animal'; 'animal' is his proximate genus, 'rational' is his specific differentia. The proximate genus 'animal' includes within its comprehension all the essential elements o the genera above it, because an animal is a 'sentient, living, material substance' ... The specific differentia 'rational' is the one distinctive essential element which distinguishes 'man' and every other 'animal'. It therefore makes him a species of him own and separates him from every other 'animal' and every other genus above animal, including plants, inanimate bodies and substance.

Furthermore, since the specific differentia is the distinctive element in the essence of man, it includes all the characteristics 'properties' which lie in the nature of man *as man*, namely, power of speech, morality, government religion, immortality, etc. realities which are absent in all other beings in this physical world» (C. N. BITTLE, *The Science of Correct Thinking Logic* [Milwaukee 1947], pp. 73-74).

rente» del mundo visible, del mundo de los seres vivientes. Analizando el texto del libro del *Génesis* somos testigos, en cierto sentido, de cómo el hombre «se distingue», frente a Dios-Yahveh, de todo el mundo de los seres vivientes (*animalia*) con el primer acto de autoconciencia y de cómo, por lo tanto, se revela a sí mismo y, a la vez, se afirma en el mundo visible como «persona». Ese proceso delineado de modo tan incisivo en el *Génesis* 2, 19-20, proceso de búsqueda de una definición de sí, no lleva sólo a indicar –empalmando con la tradición aristotélica– el *genus proximum*, que en el capítulo 2 del *Génesis* se expresa con las palabras «ha puesto el nombre», sino que le corresponde también la «*diferencia*» *específica*, que, según la definición de Aristóteles, es *nous zoón noetikón* (animal racional). Este proceso lleva también al *primer bosquejo* del ser humano *como persona* humana, con la subjetividad propia que la caracteriza.

Interrupimos aquí el análisis del significado de la soledad originaria del hombre. Lo reanudaremos dentro de una semana.

Capítulo VI
EL CUERPO HUMANO, CUERPO PERSONAL[1]

1. En la conversación precedente comenzamos a analizar el significado de la soledad originaria del hombre. El punto de partida nos lo da el texto yahvista, y en particular las palabras siguientes: «No es bueno que el hombre esté solo, voy a hacerle una ayuda semejante a él» (*Gen* 2, 18). El análisis de los relativos pasajes del libro del *Génesis* (c. 2) nos ha llevado a conclusiones sorprendentes que miran a la antropología, esto es, a la ciencia fundamental acerca del hombre encerrada en este libro. Efectivamente, en frases relativamente escasas, el texto antiguo bosqueja al hombre como *persona, con la subjetividad que la caracteriza*.

Cuando Dios-Yahveh da a este primer hombre así formado el dominio en relación con todos los árboles que crecen en el «jardín en Edén», sobre todo en relación con el de la ciencia del bien y del mal, a los rasgos del hombre antes descritos se añade el momento de la opción o de la autodeterminación, es decir, de la libre voluntad. De este modo, la imagen del hombre, como persona dotada de una subjetividad propia, aparece ante nosotros como acabada en su primer esbozo.

En el concepto de soledad originaria se incluye tanto la autoconciencia como la autodeterminación. El hecho

---

[1] Audiencia general, 24-X-1979.

de que el hombre esté «solo» encierra en sí esta estructura ontológica y al mismo tiempo es un índice de auténtica comprensión. Sin esto no podemos entender correctamente las palabras que siguen y que constituyen el preludio a la creación de la primera mujer: «Voy a hacerle una ayuda». Pero, sobre todo, sin el significado tan profundo de la soledad originaria del hombre no puede entenderse e interpretarse correctamente toda la situación del hombre creado a «imagen de Dios», que es la situación de la primera, mejor aún, de la primitiva Alianza con Dios.

2. Este hombre de quien dice el relato del capítulo primero que fue creado «a imagen de Dios», se manifiesta en el segundo relato *como sujeto de la Alianza*, esto es, sujeto constituido como persona, constituido a medida de *«partner del Absoluto»*, en cuanto debe discernir y elegir conscientemente entre el bien y el mal, entre la vida y la muerte. Las palabras del primer mandamiento de Dios-Yahveh (*Gen* 2, 16-17), que hablan directamente de la sumisión y dependencia del hombre-creatura de su Creador, revelan precisamente de modo indirecto este nivel de humanidad como sujeto de la Alianza y «partner del Absoluto». *El hombre está solo; esto quiere decir que él, a través de la propia humanidad*, a través de lo que él es, queda constituido, al mismo tiempo, en una relación *única, exclusiva e irrepetible* con Dios mismo. La definición antropológica contenida en el texto yahvista se acerca, por su parte a lo que expresa la definición teológica del hombre que encontramos en el primer relato de la creación («Hagamos al hombre a nuestra imagen, a nuestra semejanza»: *Gen* 1, 26).

3. El hombre así formado pertenece al mundo visible, es cuerpo entre los cuerpos. Al volver a tomar y en cierto modo al reconstruir el significado de la soledad origina-

ria, lo aplicamos al hombre en su totalidad. El cuerpo, mediante el cual el hombre participa del mundo creado visible, lo hace, al mismo tiempo, consciente de estar «solo». De otro modo no hubiera sido capaz de llegar a esa convicción, a la que, en efecto, como leemos (cfr *Gen* 2, 20) ha llegado, si su cuerpo no le hubiera ayudado a comprenderlo, haciendo la cosa evidente. La conciencia de la soledad habría podido romperse a causa del mismo cuerpo. El hombre (*'adam*) habría podido llegar a la conclusión de ser sustancialmente semejante a los otros seres vivientes (*animalia*) basándose en la experiencia del propio cuerpo. Y, en cambio, como leemos, no llegó a esta conclusión, más bien llegó a la persuasión de estar «solo». El texto yahvista nunca habla directamente del cuerpo; incluso cuando dice «Formó Yahve-Dios al hombre del polvo de la tierra», habla del hombre y no del cuerpo. Esto no obstante, el relato, tomado en su conjunto, nos ofrece bases suficientes para percibir a este hombre creado en el mundo visible, precisamente como cuerpo entre los cuerpos.

El análisis del texto yahvista nos permite, además, *vincular la soledad originaria del hombre con el conocimiento del cuerpo*, a través del cual el hombre se distingue de todos los *animalia* y «se separa» de ellos, y también *a través del cual* él es *persona*. Se puede afirmar con certeza que el hombre así formado tiene, simultáneamente, el conocimiento y la conciencia del sentido del propio cuerpo. Y esto sobre la base de la experiencia de la soledad originaria.

4. Todo esto puede considerarse como implicación del segundo relato de la creación del hombre, y el análisis del texto nos permite un amplio desarrollo.

Cuando al comienzo del texto yahvista, antes aun que se hable de la creación del hombre «del polvo de la tierra» leemos que «no había todavía hombre que labrase la tierra ni rueda que subiese el agua con que regarla» (*Gen* 2, 5-6), asociamos justamente este pasaje al del primer relato, en el que se expresa el mandamiento divino: «Henchid la tierra, sometedla y dominad» (*Gen* 1, 28). El segundo relato alude de manera explícita *al trabajo que el hombre desarrolla* para cultivar la tierra. El primer medio fundamental para dominar la tierra se encuentra en el hombre mismo. El hombre puede dominar la tierra porque sólo él –y ningún otro de los seres vivientes– es capaz de «cultivarla» y transformarla según sus propias necesidades («hacía subir de la tierra el agua por los canales para regarla»). Y de aquí que este primer esbozo de una actividad específicamente humana parece formar parte de la definición del hombre tal como ella surge del análisis del texto yahvista. Por consiguiente, se puede afirmar que este esbozo es intrínseco al significado de la soledad originaria y pertenece *a esa dimensión de soledad, a través de la cual el hombre desde el principio está en el mundo visible como cuerpo entre los cuerpos y descubre el sentido de la propia corporalidad.*

En la próxima meditación volveremos sobre este tema.

Capítulo VII
MUERTE E INMORTALIDAD[1]

1. Nos conviene volver hoy, una vez más, sobre el significado de la soledad originaria del hombre, que surge sobre todo del análisis del llamado texto yahvista del *Génesis* 2. El texto bíblico nos permite, como ya hemos comprobado en las reflexiones precedentes, poner de relieve no sólo la conciencia que se tiene del cuerpo humano (el hombre es creado en el mundo visible como «cuerpo entre los cuerpos»), sino también la de su significado propio.

Teniendo en cuenta la gran concisión del texto bíblico, no se puede, desde luego, ampliar demasiado esta implicación. Pero es cierto que tocamos aquí el problema central de la antropología. La conciencia del cuerpo parece identificarse en este caso con el descubrimiento de la complejidad de la propia estructura, que, basándose en una antropología filosófica, consiste, en definitiva, en la relación entre alma y cuerpo. El relato yahvista, con su lenguaje característico (esto es, con su propia terminología), lo expresa diciendo: «Formó Yahveh-Dios al hombre del polvo de la tierra, y le inspiró en el rostro aliento de vida, y fue así el hombre ser animado» (*Gen* 2, 7)[2]. Y

---

[1] Audiencia general, 31-X-1979.

[2] La antropología bíblica distingue en el hombre no tanto «el cuerpo» y «el alma» cuanto «cuerpo» y «vida».
El autor bíblico presenta aquí la concesión del don de la vida me-

precisamente este hombre «ser animado» se distingue a continuación de todos los otros seres vivientes del mundo visible. La premisa de este distinguirse el hombre es precisamente el hecho de que sólo él es capaz de «cultivar la tierra» (cfr *Gen* 2, 5) y de «someterla» (cfr *Gen* 1, 28). Se puede decir que la conciencia de la «superioridad» inscrita en la definición de humanidad nace desde el principio a base de una praxis o comportamiento típicamente humano. Esta conciencia comporta una percepción especial del significado del propio cuerpo, que emerge precisamente del hecho de que el hombre está para «cultivar la tierra» y «someterla». Todo esto sería imposible sin una intuición típicamente humana del significado del propio cuerpo.

2. Parece, pues, que conviene hablar, ante todo, de este aspecto más bien que del problema de la complejidad antropológica en sentido metafísico. Si la descripción originaria de la conciencia humana sacada del texto yahvista comprende en el conjunto del relato también el cuerpo, si encierra como el primer testimonio del descubrimiento de la propia corporeidad (e incluso, como se ha dicho, la percepción del significado del propio cuerpo), todo esto se revela basándose no en algún análisis primordial metafísico, sino en una concreta subjetividad bastante clara del hombre. El hombre es sujeto no sólo por su autoconciencia y autodeterminación, sino también en base al propio cuerpo. *La estructura de este cuerpo es tal que le permite ser el autor de una actividad puramente humana.* En esta actividad, el cuerpo expresa la persona. Es, pues, en toda su materialidad («Formó al hombre del polvo de la tierra»), como penetrable y transparente, de modo que deja claro quién es el hombre (y

---

diante el «soplo», que no deja de ser propiedad de Dios: cuando Dios lo quita, el hombre vuelve al polvo del que ha sido sacado (cfr *Job* 34, 14-15; *Sal* 104, 29 s).

quién debería ser) gracias a la estructura de su conciencia y de su autodeterminación. Sobre esto se apoya la percepción fundamental del significado del propio cuerpo, que no puede menos de descubrirse analizando la soledad originaria del hombre.

3. Y he aquí que con esta comprensión fundamental del significado del propio cuerpo, el hombre, como sujeto de la Antigua Alianza con el Creador, es colocado ante el misterio del árbol de la ciencia. «De todos los árboles del paraíso puedes comer; pero del árbol de la ciencia del bien y del mal no comas, porque el día en que de él comieres, ciertamente morirás» (*Gen* 2, 16-17). El significado ordinario de la soledad del hombre se basa sobre la experiencia de la existencia que le ha dado el Creador. Esta existencia humana está caracterizada precisamente por la subjetividad, que comprende también el significado del cuerpo. Pero el hombre, que en su conciencia originaria conoce exclusivamente la experiencia de existir y, por lo tanto, de la vida, ¿habría podido entender *lo que significaba la palabra «morirás»*? ¿Sería capaz de *llegar a comprender* el sentido de esta palabra a través de la compleja estructura de la vida que le fue dada cuando «el Señor Dios... le inspiró en el rostro aliento de vida...»? Es necesario admitir que esta palabra, completamente nueva, se presenta en el horizonte de la conciencia del hombre sin que él haya experimentado nunca la realidad, y que al mismo tiempo esta palabra se presenta ante él como *una antítesis radical de todo aquello de lo que el hombre había sido dotado.*

El hombre oía por primera vez la palabra «morirás» sin haber tenido familiaridad alguna con ella en su experiencia hasta entonces; pero, por otra parte, no podía menos de asociar el significado de la muerte a esa dimensión de vida de la que había disfrutado hasta el momento. Las palabras de Dios-Yahveh dirigidas al hombre confirmaban una dependencia tal en el existir, que hacía del hombre un ser limitado y, por su naturaleza, susceptible de no-existencia. Estas palabras plantearon el problema de la muerte en sentido condicional: «El día en que de él comieres... morirás». El hombre, que había oído estas palabras, debía sacar de ellas la verdad en la misma estructura interior de la propia soledad. Y, en definitiva, dependía de él, de su decisión y libre elección, si con su soledad hubiese entrado también en el círculo de la antítesis que le había revelado el Creador, juntamente con el árbol de la ciencia del bien y del mal, y así hubiese hecho propia la experiencia de morir y de la muerte. Al escuchar las palabras de Dios-Yahveh, el hombre debería haber entendido que el árbol de la ciencia tenía hundidas sus raíces no sólo en el «jardín en Edén», sino también en su humanidad. Además, debería haber entendido que ese árbol misterioso ocultaba en sí una dimensión de soledad desconocida hasta entonces, de la que le había dotado el Creador en medio del mundo de los seres vivientes, a los que el hombre –delante de su mismo Creador– «había puesto nombre» para llegar a comprender que ninguno de ellos era semejante a él.

4. Por lo tanto, cuando el significado fundamental de su cuerpo ya había sido establecido a través de la distinción del resto de las criaturas, cuando por esto mismo se había hecho evidente que «lo invisible» determina al hombre más que «lo visible», entonces se presentó ante él la alternativa, vinculada estrecha y directamente por Dios-Yahvé al árbol de la ciencia del bien y del mal. *La alternativa entre la muerte y la inmortalidad* que surge del *Génesis* 2, 17 va más allá del significado esencial del cuerpo del hombre, en cuanto abarca el significado escatológico no sólo del cuerpo, sino de la humanidad misma, distinta de todos los seres vivientes, de los «cuerpos».

Pero esta alternativa *afecta de un modo totalmente especial al cuerpo, creado del «polvo de la tierra».*

Para no prolongar más este análisis, nos limitamos a constatar que la alternativa entre la muerte y la inmortalidad entra desde el comienzo en la definición del hombre y que pertenece «por principio» al significado de su soledad frente a Dios mismo. Este significado originario de soledad penetrado por la alternativa entre muerte e inmortalidad tiene también su significado fundamental para toda la teología del cuerpo.

Con esta constatación concluimos por ahora nuestras reflexiones sobre el significado de la soledad originaria del hombre. Esta constatación, que surge de modo claro e incisivo de los textos del libro del *Génesis*, induce también a reflexionar tanto sobre los textos como sobre el hombre, que acaso tiene demasiado escasa conciencia de la verdad que le atañe y que está encerrada ya en los primeros capítulos de la Biblia.

Capítulo VIII
EL SUEÑO DE ADÁN[1]

1. Las palabras del libro del *Génesis*: «No es bueno que el hombre esté solo» (*Gen* 2, 18), son como un preludio al relato de la creación de la mujer. Junto con este relato, el sentido de la soledad originaria entra a formar parte del significado de la unidad originaria, cuyo punto clave parecen ser las palabras del *Génesis* 2, 24, a las que se remite Cristo en su conversación con los fariseos: «Dejará el hombre al padre y a la madre y se unirá a la mujer, y serán los dos una sola carne» (*Mt* 19, 5). Si Cristo al referirse al «principio», cita estas palabras, nos conviene precisar el significado de esa unidad originaria, que hunde las raíces en el hecho de la creación del hombre como varón y mujer.

El relato del capítulo primero del *Génesis* no toca el problema de la soledad originaria del hombre; efectivamente, el hombre es, desde el comienzo, «varón y mujer». En cambio, el texto yahvista del capítulo segundo nos autoriza, en cierto modo, a pensar primero solamente en el hombre, en cuanto, mediante el cuerpo, pertenece al mundo visible, pero sobrepasándolo; luego nos hace pensar en el mismo hombre, mas a través de la duplicidad de sexo. La corporeidad y la sexualidad no se identifican completamente. Aunque el cuerpo humano en su

---

[1] Audiencia general, 7-XI-1979.

constitución normal lleva en sí los signos del sexo y sea, por su naturaleza, masculino o femenino, sin embargo, *el hecho de que el hombre sea «cuerpo» pertenece a la estructura del sujeto personal más profundamente que el hecho de que en su constitución somática sea también varón o mujer.* Por esto, el significado de la soledad originaria, que puede referirse sencillamente al «hombre», es anterior sustancialmente al significado de la unidad originaria; en efecto, esta última se basa en la masculinidad y en la feminidad, casi como en dos «encarnaciones» diferentes, esto es, en dos modos de «ser cuerpo» del mismo ser humano, creado «a imagen de Dios» (*Gen* 1, 27).

2. Siguiendo el texto yahvista, en el cual la creación de la mujer se describe separadamente (cfr *Gen* 2, 21-22), debemos tener ante los ojos, al mismo tiempo, esa «imagen de Dios» del primer relato de la creación. El segundo relato conserva, en su lenguaje, que se trata de un lenguaje mítico. Efectivamente, el modo de narrar concuerda con el modo de pensar y de expresarse de la época a la que pertenece el texto. Se puede decir, siguiendo la filosofía contemporánea de la religión y la del lenguaje, que se trata de un lenguaje mítico. Efectivamente, en este caso, el término «mito» no designa un contenido fabuloso, sino sencillamente un modo arcaico de expresar un contenido más profundo. Sin dificultad alguna, bajo el estrato de la narración antigua, descubrimos ese contenido, realmente maravilloso por lo que respecta a las cualidades y a la condensación de las verdades que allí se encierran. Añadamos que el segundo relato de la creación del hombre conserva, hasta cierto punto, una forma de diálogo entre el hombre y Dios-Creador, y esto se manifiesta, sobre todo, *en esa etapa en la que el hombre ('adam) es creado definitivamente como varón y mujer (is-issah)*[2]. La

---

[2] El término hebreo *'adam* expresa el concepto colectivo de la es-

creación se realiza casi al mismo tiempo en dos dimensiones: la acción de Dios-Yahveh que crea se desarrolla
en correlación al proceso de la conciencia humana.

3. Así, pues, Dios-Yahveh dice: «No es bueno que el
hombre esté solo; voy a hacerle una ayuda semejante a
él» (*Gen* 2, 18). Y, al mismo tiempo, el hombre confirma
su propia soledad (cfr *Gen* 2, 20). A continuación leemos:
«Hizo, pues, Yahveh-Dios caer sobre el hombre un profundo sopor; y, dormido, tomó una de sus costillas, ce-
rrando en su lugar con carne y de la costilla que del hombre tomara formó Yahveh-Dios a la mujer» (*Gen* 2,
21-22). Considerando lo característico del lenguaje, es necesario reconocer, ante todo, que nos hace pensar mucho
ese sopor genesíaco, en el que, por obra de Dios-Yahveh,
el hombre se sumerge, como en preparación para el nuevo acto creador. En el fondo de la mentalidad contemporánea, habituada –a través del análisis del subconsciente– a unir al mundo del sueño contenidos sexuales,
ese sopor puede suscitar una asociación especial[3]. Sin

pecie humana, esto es, el hombre que representa a la humanidad (la
Biblia define al individuo utilizando la expresión «hijo del hombre»:
ben-'adam). La contraposición is-issah subraya la diversidad sexual
(como en griego aner-gyne).

Después de la creación de la mujer, el texto bíblico continúa llamando al primer hombre *'adam* (con artículo definido), expresando así
su «corporate personality», en cuanto se ha convertido en «padre de la
humanidad», su progenitor y representante, como después Abraham es
reconocido como «padre de los creyentes» y Jacob se identifica con Is-
rael-Pueblo elegido.

[3] El sopor de Adán (en hebreo *tardemah*) es un sueño profundo (en
latín: *sopor*, en inglés: *sleep*) en el que cae el hombre sin conciencia o
sueños (la Biblia tiene otro término para definir el sueño: *halom*); cfr
Gen 15, 12, *1 Sam* 26, 12.

Freud, en cambio, examina el contenido de los sueños (en latín:
somnium; en inglés, *dream*), los cuales, formándose con elementos psí-
quicos «rechazados por el subconsciente», permiten, según él, hacer
emerger de ellos los contenidos inconscientes que, en último análisis,
serían siempre sexuales.

Esta idea es, naturalmente, del todo extraña al autor bíblico.

En la teología del autor yahvista, el sopor en el que Dios hace caer embargo, el relato bíblico parece ir más allá de la dimensión del subconsciente humano. Si se admite, pues, una diversidad significativa de vocabulario, se puede concluir que el hombre (*'adam*) cae en ese «sopor» para despertarse «varón» y «mujer». Efectivamente, nos encontramos por primera vez en *Gen* 2, 23 con la distinción *'is-issah*.

Quizá, pues, *la analogía del sueño* indica aquí no tanto un pasar de la conciencia a la subconsciencia cuanto un retorno específico al no-ser (el sueño comporta un componente de aniquilamiento de la existencia consciente del hombre), o sea, al momento antecedente a la creación, *a fin de que desde él, por iniciativa creadora de Dios, el «hombre» solitario pueda surgir de nuevo* en su doble unidad de varón y mujer[4].

---

al primer hombre subraya la exclusividad de la acción de Dios en la obra de la creación de la mujer; el hombre no tenía en ella participación alguna consciente. Dios se sirve de su «costilla» solamente para acentuar la naturaleza común del varón y de la mujer.

[4] «Sopor» (*tardemah*) es el término que aparece en la Sagrada Escritura cuando durante el sueño o directamente después del sueño deben suceder acontecimientos extraordinarios (cfr *Gen* 15, 12; *1 Sam* 26, 12; *Is* 29, 10; *Job* 4, 13; 33, 15). Los Setenta traducen *tardemah* por *ékstasis* (un éxtasis).

En el Pentateuco, *tardemah* aparece también una sola vez en un contexto misterioso: «Abraham, por el mandato de Dios, preparó un sacrificio de animales, ahuyentando de ellos a las aves rapaces. Cuando ya estaba el sol para ponerse, cayó un sopor sobre Abraham, y fue presa de gran terror, y le envolvió densa tiniebla» (*Gen* 15, 12). Entonces precisamente comienza Dios a hablar y realiza con él una alianza, que es la cumbre de la revelación hecha a Abraham.

Esta escena se parece, en cierto modo, a la del huerto de Getsemaní: Jesús «comenzó a sentir temor y angustia» (*Mc* 14, 33) y encontró a los Apóstoles «adormilados por la tristeza» (*Lc* 22, 45).

El autor bíblico admite en el primer hombre un cierto sentido de carencia y soledad («no es bueno que el hombre esté solo»; «no encontró una ayuda semejante a él») y aun casi de miedo. Quizá este estado provoca «un sueño causado por la tristeza» o quizá, como en el caso de Abraham, «por un oscuro terror» de no-ser; como en el umbral de la obra de la creación: «La tierra estaba confusa y vacía y las tinieblas cubrían la haz del abismo» (*Gen* 1, 2).

En todo caso, según los dos textos en que el Pentateuco, o, mejor, el libro del *Génesis*, habla del sueño profundo (*tardemah*) tiene un lugar una acción divina especial, es decir, una «alianza» cargada de con

En todo caso, a la luz del contexto del *Gen* 2, 18-20, no hay duda alguna de que el hombre cae en ese «sopor» con el deseo de encontrar un ser semejante a sí. Si, por analogía con el sueño, podemos hablar aquí también de ensueño, debemos decir que ese arquetipo bíblico nos permite admitir como contenido de ese sueño un «segundo yo», también personal e igualmente relacionado con la situación de soledad originaria, es decir, con todo ese proceso de estabilización de la identidad humana en relación al conjunto de los seres vivientes (*animalia*), en cuanto es proceso de «diferenciación» del hombre de este ambiente. De este modo, el círculo de la soledad del hombre-persona se rompe, porque el primer «hombre» despierta de su sueño como «varón y mujer».

4. La mujer es formada «con la costilla» que Dios-Yahveh tomó del hombre. Teniendo en cuenta el modo arcaico, metafórico e imaginativo de expresar el pensamiento, podemos establecer que se trata de homogeneidad de todo el ser de ambos; esta homogeneidad se refiere, sobre todo, al cuerpo, a la estructura somática, y se confirma también con las primeras palabras del hombre a la mujer creada: «Esto sí que es ya hueso de mis huesos y carne de mi carne» (*Gen* 2, 23)[5]. Y, sin embargo, las pa-

---

secuencias para toda la historia de la salvación: Adán da comienzo al género humano; Abraham, al Pueblo elegido.

[5] Es interesante notar que para los antiguos sumerios, el signo cuneiforme para indicar el sustantivo «costilla» coincida con el empleado para indicar la palabra «vida». En cuanto al relato yahvista, según cierta interpretación de *Gen* 2, 21, Dios, más bien, cubre de carne la costilla (en vez de cerrar la carne en el lugar de ella), y de este modo «forma» a la mujer, que trae su origen de la «carne y de los huesos» del primer hombre (varón). En el lenguaje bíblico, ésta es una definición de consanguinidad o pertenencia a la misma descendencia (por ejemplo, cfr *Gen* 29, 14); la mujer pertenece a la misma especie que el hombre, distinguiéndose de los otros seres vivientes creados antes.

En la antropología bíblica, los «huesos» expresan un componente importantísimo del cuerpo; dado que para los hebreos no había una distinción precisa entre «cuerpo» y «alma» (el cuerpo era considerado

labras citadas se refieren también a la humanidad del hombre-varón. Se leen en el contexto de las afirmaciones hechas antes de la creación de la mujer, en las que, aun no existiendo todavía la «encarnación» del hombre, ella es definida como «ayuda semejante a él» (cfr *Gen* 2, 18 y 2, 20)[6]. Así, pues, *la mujer, en cierto sentido, es creada a base de la misma humanidad.*

La homogeneidad somática, a pesar de la diversidad de la constitución unida a la diferencia sexual, es tan evidente, que el hombre (varón), despertándose del sueño genético, la expresa inmediatamente cuando dice: «Esto sí que es ya hueso de mis huesos y carne de mi carne. Esta se llamará varona, porque del varón ha sido tomada» (*Gen* 2, 23). De este modo, el hombre (varón) manifiesta, por vez primera, alegría e incluso exaltación de las que antes no tenía oportunidad por faltarle un ser semejante a él. La alegría por otro ser humano, por el segundo «yo», domina en las palabras del hombre (varón) pronunciadas al ver a la mujer. Todo esto ayuda a establecer el significado pleno de la unidad originaria. Aquí son pocas las

---

como manifestación exterior de la personalidad), los «huesos» significaban sencillamente, por sinécdoque, el «ser» humano (cfr, por ejemplo, *Sal* 139, 15: «No desconocías mis huesos»).

Se puede entender, pues, «hueso de los huesos», en sentido relacional, como el «ser del ser»; «carne de la carne», significa que, aun teniendo diversas características físicas, la mujer presenta la misma personalidad que posee el hombre.

En el «canto nupcial» del primer hombre, la expresión «hueso de los huesos», «carne de la carne», es una forma de superlativo, subrayado además por la repetición triple: «esta», «esa», «la».

6 Es difícil traducir exactamente la expresión hebrea *cezer kenegdô*, que se traduce de distinto modo en las lenguas europeas; por ejemplo: en latín: «adiutorium ei conveniens sicut oportebat iuxta eum»; en alemán: «eine Hilfe..., die ihm entspricht», en francés: «égal vis-a-vis de lui»; en italiano: «un aiuto che 'gli sia simile»; en español: «como él, que le ayude»; en inglés: «a helper fit for him»; en polaco: «odopowicdnia alla niego pomoc».

Porque el término *«ayuda»* parece sugerir el concepto de «complementariedad», o, mejor, de «correspondencia exacta», el término «*semejante»* se une, más bien, con el de «similitud», pero en sentido diverso de la semejanza del hombre con Dios.

palabras, pero cada una es de gran peso. Debemos, pues, tener en cuenta –y lo haremos también a continuación– el hecho de que la primera mujer, «formada con la costilla tomada del hombre» (varón), inmediatamente es aceptada como ayuda adecuada a él.

En la próxima meditación volveremos aún sobre este mismo tema, esto es, el significado de la unidad originaria del varón y de la mujer en la humanidad.

Capítulo IX
UNIDAD Y DUALIDAD ORIGINARIAS
LA COMUNIÓN COMO «IMAGEN DE DIOS»[1]

1. Siguiendo la narración del libro del *Génesis*, hemos constatado que la creación «definitiva» del hombre consiste en la creación de la unidad de dos seres. Su *unidad denota, sobre todo, la identidad de la naturaleza humana; en cambio, la dualidad manifiesta lo que, a base de tal identidad, constituye la masculinidad y la feminidad* del hombre creado. Esta dimensión ontológica de la unidad y de la dualidad tiene, al mismo tiempo, un significado axiológico. Del texto del *Génesis* 2, 23 y de todo el contexto se deduce claramente que el hombre ha sido creado como un don especial ante Dios («Y vio Dios ser muy bueno cuanto había hecho»: *Gen* 1, 31), pero también como un valor especial para el mismo hombre: primero, porque es «hombre»; segundo, porque la «mujer» es para el varón y, viceversa, el varón es para la mujer. Mientras el capítulo primero del *Génesis* expresa este valor de forma puramente teológica (e indirectamente metafísica), el capítulo segundo, en cambio, *revela, por decirlo así, el primer círculo de la experiencia vivida por el hombre como valor.* Esta experiencia está ya inscrita en el significado de la soledad originaria, y luego, en todo el relato de la creación del hombre como varón y mujer. En el conciso

---
[1] Audiencia general, 14-XI-1979.

texto de *Gen* 2, 23, que contiene las palabras del primer varón a la vista de la mujer creada «tomada de él», puede ser considerado el prototipo bíblico del *Cantar de los Cantares*. Y si es posible leer impresiones y emociones a través de palabras tan remotas, podríamos aventurarnos también a decir que la profundidad y la fuerza de esta primera y «originaria» emoción del hombre-varón ante la humanidad de la mujer y, al mismo tiempo, ante la feminidad del otro ser humano, parece algo único e irrepetible.

2. De este modo, el significado de la unidad originaria del hombre a través de la masculinidad y feminidad se expresa como superación del límite de la soledad y al mismo tiempo como afirmación –respecto a los dos seres humanos– de todo lo que en la soledad es constitutivo del «hombre». En el relato bíblico, la soledad es camino que lleva a esa unidad, que, siguiendo al Vaticano II, podemos definir *communio personarum*[2]. Como ya hemos constatado anteriormente, el hombre en su soledad originaria adquiere una conciencia personal en el proceso de «distinción» de todos los seres vivientes (*animalia*), y al mismo tiempo, en esta soledad se abre hacia un ser afín a él, y que el *Génesis* (2, 18 y 20) define como «ayuda semejante a él». Esta apertura decide del hombre-persona no menos, al contrario, acaso más aún, que la misma «distinción». La soledad del hombre en el relato yahvista se nos presenta no sólo como el primer descubrimiento de la trascendencia característica propia de la persona, sino también como descubrimiento de una relación adecuada «a la» persona, y, por lo tanto, como apertura y espera de una «comunión de personas».

Aquí se podría emplear incluso el término «comuni-

---

[2] «Pero Dios no creó al hombre dejándolo solo; desde el principio 'varón y mujer los creó' (*Gen* 1, 27), y su unión constituye la primera forma de comunión de personas» (*Gaudium et spes*, 12).

dad», si no fuese genérico y no tuviese tantos significados. *Communio* dice más y con mayor precisión, porque *indica precisamente esa «ayuda», que, en cierto sentido, se deriva del hecho mismo de existir como persona «junto» a una persona.* En el relato bíblico este hecho se convierte *eo ipso* –de por sí– *en la existencia de la persona «para» la persona*, dado que el hombre en su soledad originaria, en cierto modo, estaba ya en esta relación. Esto se confirma, en sentido negativo, precisamente por su soledad. Además, la comunión de las personas podía formarse sólo a base de una «doble soledad» del varón y de la mujer, o sea, como encuentro en su «distinción» del mundo de los seres vivientes (*animalia*), que daba a ambos la posibilidad de ser y existir en una reciprocidad particular. El concepto de «ayuda» expresa también esta reciprocidad en la existencia, que ningún otro ser viviente habría podido asegurar. Para esta reciprocidad era indispensable todo lo que de constitutivo fundaba la soledad de cada uno de ellos, y, por tanto, también la autoconciencia y la autodeterminación, o sea, la subjetividad y el conocimiento del significado del propio cuerpo.

3. El relato de la creación del hombre en el capítulo primero afirma desde el principio y directamente que el hombre ha sido creado a imagen de Dios en cuanto varón y mujer. El relato del capítulo segundo, en cambio, no habla de la «imagen de Dios», pero revela, a su manera característica, que la creación completa y definitiva del «hombre» (sometido primeramente a la experiencia de la soledad originaria) se expresa en el dar vida a esa *communio personarum* que forman el varón y la mujer. De este modo, el relato yahvista concuerda con el contenido del primer relato. Si, por el contrario, queremos sacar también del relato del texto yahvista el concepto de «imagen de Dios», entonces podemos deducir que *el hombre se ha convertido en «imagen y semejanza»* de Dios no sólo a

través de la propia humanidad, sino también a través de la comunión de las personas que el varón y la mujer forman desde el comienzo. La función de la imagen es la de reflejar a quien es el modelo, reproducir el prototipo propio. El hombre se convierte en imagen de Dios no tanto en el momento de la soledad cuanto en el momento de la comunión. Efectivamente, él es «desde el principio» no sólo imagen en la que se refleja la soledad de una Persona que rige el mundo, sino también, y esencialmente, imagen de una inescrutable comunión divina de Personas.

De este modo, el segundo relato podría también preparar a comprender el concepto trinitario de la «imagen de Dios», aun cuando ésta aparece sólo en el primer relato. Obviamente, esto no carece de significado incluso para la teología del cuerpo; más aún, quizá constituye incluso el aspecto teológico más profundo de todo lo que se puede decir acerca del hombre. En el misterio de la creación –en base a la originaria y constitutiva «soledad» de su ser–, el hombre ha sido dotado de una profunda unidad entre lo que en él es masculino humanamente y mediante el cuerpo y lo que de la misma manera es en él femenino humanamente y mediante el cuerpo. Sobre todo esto, desde el comienzo descendió la bendición de la fecundidad, unida con la procreación humana (cfr *Gen* 1, 28).

4. De este modo, nos encontramos casi en el meollo mismo de la realidad antropológica que se llama «cuerpo». Las palabras de *Génesis* 2, 23 hablan de él directamente y por vez primera en los términos siguientes: «*carne de mi carne y hueso de mis huesos*». El hombre-varón pronuncia estas palabras como si sólo a la vista de la mujer pudiese identificar y llamar por su nombre a *lo que en el mundo visible los hace semejantes el uno al otro* y, a la vez, *aquello en que se manifiesta la humanidad*. A la luz del análisis precedente de todos los «cuerpos», con los que se ha puesto en contacto el hombre y a los que ha de-

finido conceptualmente poniéndoles nombre (*animalia*), la expresión «carne de mi carne» adquiere precisamente este significado: el cuerpo revela al hombre. Esta fórmula concisa contiene ya todo lo que sobre la estructura del cuerpo como organismo, sobre su vitalidad, sobre su particular fisiología sexual, etc., podrá decir acaso la ciencia humana. En esta expresión primera del hombre-varón «carne de mi carne» se encierra también una referencia a aquello por lo que el cuerpo es auténticamente humano, y, por lo tanto, a lo que determina al hombre como persona, es decir, como ser que incluso en toda su corporeidad es «semejante» a Dios[3].

5. Nos encontramos, pues, casi en el meollo mismo de la realidad antropológica, cuyo nombre es «cuerpo», cuerpo humano. Sin embargo, como es fácil observar, este meollo no es sólo antropológico, sino también esencialmente teológico. La teología del cuerpo, que desde el principio está unida a la creación del hombre a imagen de Dios, se convierte, en cierto modo, también en teología del sexo, o mejor, en teología de la masculinidad y de la feminidad, que aquí, en el libro del *Génesis*, tiene su punto de partida. El significado originario de la unidad, testimoniada por las palabras del *Génesis* 2, 24 tendrá amplia y lejana perspectiva en la revelación de Dios. Esta unidad a través del cuerpo («y los dos serán una sola carne») tiene una dimensión multiforme: una dimensión ética, como se confirma en la respuesta de Cristo a los fariseos en *Mt* 19 (*Mc* 10), y también una dimensión sacra-

---

[3] En la concepción de los libros bíblicos más antiguos no aparece la contraposición dualista «alma-cuerpo». Como ya se ha subrayado (cfr nota 2 del cap. VII), se puede hablar, más bien, de una combinación complementaria «cuerpo-vida». El cuerpo es expresión de la personalidad del hombre, y, si no agota plenamente este concepto, es necesario entenderlo en el lenguaje bíblico como *pars pro toto*, cfr, por ejemplo: «no es la carne ni la sangre quien esto te ha revelado, sino mi Padre...» (*Mt* 16, 17); es decir, no te lo ha revelado el hombre.

mental, estrictamente teológica, como se comprueba por la palabras de San Pablo a los Efesios[4], que hacen referencia además a la tradición de los Profetas (Oseas, Isaías, Ezequiel). Y es así porque esa unidad que se realiza a través del cuerpo indica desde el principio no sólo el «cuerpo», sino también la comunión «encarnada» de las personas –*communio personarum*– y exige esta comunión desde el principio. La masculinidad y la feminidad expresan *el doble aspecto de la constitución somática del hombre* («esto sí que es carne de mi carne y hueso de mis huesos») e *indica* además, a través de las mismas palabras de *Génesis* 2, 23, *la nueva conciencia del sentido del propio cuerpo*; sentido que se puede decir consiste en un *enriquecimiento recíproco*. Precisamente esta conciencia, a través de la cual la humanidad se forma de nuevo como comunión de personas, parece constituir el estrato que en el relato de la creación del hombre (y en la revelación del cuerpo contenida en él) es más profundo que la misma estructura somática como varón y mujer. En todo caso, esta estructura se presenta desde el principio con una conciencia profunda de la corporeidad y sexualidad humana, y esto establece una norma inalienable para la comprensión del hombre en el plano teológico.

[4] «Nadie aborrece jamás su propia carne, sino que la alimenta y la abriga como Cristo a la Iglesia, porque somos miembros de su cuerpo. Por esto dejará el hombre a su padre y a su madre y se unirá a su mujer, y serán dos en una carne. Gran misterio éste, pero entendido de Cristo y de la Iglesia» (*Ef* 5, 29-32).
Éste será el tema de nuestras reflexiones sobre el sacramento del matrimonio (quinto ciclo de homilías sobre el amor humano y la teología del cuerpo).

Capítulo X
MASCULINIDAD Y FEMINIDAD
EL SEXO, «CONSTITUTIVO DE LA PERSONA»[1]

1. Recordemos que Cristo, cuando le preguntaron sobre la unidad e indisolubilidad del matrimonio, se remitió a lo que era «al principio». Citó las palabras escritas en los primeros capítulos del *Génesis*. Tratamos por ello de penetrar en el sentido propio de estas palabras y de estos capítulos en el curso de las presentes reflexiones.

El significado de la unidad originaria del hombre, a quien Dios creó «varón y mujer», se obtiene (especialmente a la luz de *Génesis* 2, 23) conociendo al hombre en todo el conjunto de su ser, esto es, en toda la riqueza de ese misterio de la creación, que está en la base de la antropología teológica. Este conocimiento, es decir, la búsqueda de la identidad humana de aquel que al principio estaba «solo», debe pasar siempre a través de la dualidad: la «comunión».

Recordemos el pasaje de *Génesis* 2, 23: «El hombre exclamó: 'Esto sí que es ya hueso de mis huesos y carne de mi carne. Ésta se llamará varona, porque del varón ha sido tomada'». A la luz de este texto, comprendemos que el conocimiento del hombre pasa a través de la masculinidad y feminidad, que son como dos «encarnaciones» de la misma soledad metafísica frente a Dios y al mundo

---

[1] Audiencia general, 21-XI-1979.

–*como dos modos de «ser cuerpo» y a la vez hombre, que se completan recíprocamente*–, como dos dimensiones complementarias de la autoconciencia y de la autodeterminación, y al mismo tiempo como *dos conciencias complementarias del significado del cuerpo*. Así, como ya demuestra el *Génesis* 2, 23, la feminidad, en cierto sentido, se encuentra a sí misma frente a la masculinidad, mientras que la masculinidad se confirma a través de la feminidad. Precisamente la función del sexo, que en cierto sentido es «constitutivo de la persona» (no sólo «atributo de la persona»), demuestra lo profundamente que el hombre, con toda su soledad espiritual con la unicidad e irrepetibilidad propia de la persona, está constituido por el cuerpo como «él» o «ella». La presencia del elemento femenino junto al masculino y al mismo tiempo que él tiene el significado de un enriquecimiento para el hombre en toda la perspectiva de la historia, comprendida también la historia de la salvación. Toda esta enseñanza sobre la unidad ha sido expresada ya originariamente en *Génesis* 2, 23.

2. La unidad de la que habla el *Génesis* 2, 24 («y vendrán a ser los dos una sola carne») es, sin duda, la que se expresa y se realiza en el acto conyugal. La formulación bíblica, extremadamente concisa y simple, señala al sexo, en feminidad y masculinidad, como esa característica del hombre –varón y mujer–, que les permite, cuando se convierten en «una sola carne» someter al mismo tiempo toda su humanidad a la bendición de la fecundidad. Sin embargo, todo el contexto de la formulación lapidaria no nos permite detenernos en la superficie de la sexualidad humana, no nos consiente tratar del cuerpo y del sexo fuera de la dimensión plena del hombre y de la «comunión de las personas», sino que nos obliga a entrever desde el «principio» la plenitud y la profundidad

propias de esta unidad que varón y mujer deben constituir a la luz de la revelación del cuerpo.

Por lo tanto, ante todo, la expresión respectiva que dice: «El varón... se unirá a su mujer» tan íntimamente que «los dos serán una sola carne», nos induce siempre a dirigirnos a lo que el texto bíblico expresa con anterioridad respecto a la unión en la humanidad, que une a la mujer y al varón en el misterio mismo de la creación. Las palabras de *Génesis* 2, 23 que acabamos de analizar explican este concepto de modo particular. El varón y la mujer, uniéndose entre sí (en el acto conyugal) tan íntimamente que se convierten en «una sola carne» descubren de nuevo, por decirlo así, cada vez y de modo especial, el misterio de la creación, retornan así a esa unión en la humanidad («carne de mi carne y hueso de mis huesos») que les permite reconocerse recíprocamente y llamarse por su nombre, como la primera vez. Esto significa revivir, en cierto sentido, el valor originario virginal del hombre, que emerge del misterio de su soledad frente a Dios y en medio del mundo. El hecho de que se conviertan en «una sola carne» es un vínculo potente establecido por el Creador, a través del cual ellos descubren la propia humanidad tanto en su unidad originaria como en la dualidad de un misterioso atractivo recíproco. Pero el sexo es algo más que la fuerza misteriosa de la corporeidad humana, que obra casi en virtud del instinto. A nivel del hombre y en la relación recíproca de las personas, el sexo expresa una superación siempre nueva del límite de la soledad del hombre inherente a la constitución de su cuerpo y determina su significado originario. Esta superación lleva siempre consigo una cierta asunción de la soledad del cuerpo del segundo «yo» como propia.

3. Por esto está ligada a la elección. La formulación misma de *Génesis* 2, 24 indica no sólo que los seres humanos creados como varón y mujer han sido creados

para la unidad, sino también que precisamente esta *unidad, a través de la cual se convierten en «una sola carne», tiene desde el principio un carácter de unión que se deriva de una elección.* Efectivamente, leemos: «El hombre abandonará a su padre y a su madre y se unirá a su mujer». Si el hombre pertenece «por naturaleza» al padre y a la madre en virtud de la generación, en cambio «se une» a la mujer (o al marido) por elección. El texto de *Génesis* 2, 24 define este carácter del vínculo conyugal con referencia al primer varón y a la primera mujer, pero al mismo tiempo lo hace también en la perspectiva de todo el futuro terreno del hombre. Por esto, Cristo en su tiempo se remitirá a ese texto de actualidad también en su época. Creados a imagen de Dios también en cuanto forman una auténtica comunión de personas, el primer varón y la primera mujer deben constituir el comienzo y el modelo de esa comunión para todos los varones y mujeres, que en cualquier tiempo se unirán tan íntimamente entre sí, que formarán «una sola carne». El cuerpo, que a través de la propia masculinidad o feminidad ayuda a los dos desde el principio («una ayuda semejante a él») a encontrarse en comunión de personas, se convierte de modo especial en el elemento constitutivo de su unión cuando se hacen marido y mujer. Pero esto se realiza a través de una elección recíproca. Es la elección que establece el pacto conyugal entre las personas[2], y sólo a base de ella se convierten en «una sola carne».

4. Esto corresponde a la estructura de la soledad del hombre, y, en concreto, a la «soledad de los dos». La elección, como expresión de autodeterminación, se apoya sobre el fundamento de esa estructura, es decir, sobre el

---

[2] «Fundada por el Creador y en posesión de sus propias leyes, la íntima comunidad conyugal de vida y amor se establece sobre la alianza de los cónyuges, sobre su consentimiento personal e irrevocable» (*Gaudium et spes*, 48).

fundamento de su autoconciencia. Sólo a base de la propia estructura del hombre, él «es cuerpo», y a través del cuerpo es también varón y mujer. Cuando ambos se unen tan íntimamente entre sí que se convierten en «una sola carne», su unión conyugal presupone una conciencia madura del cuerpo. Más aún, *comporta una conciencia especial del significado de ese cuerpo en el donarse recíproco de las personas*. También en este sentido, *Génesis* 2, 24 es un texto perspectivo. Efectivamente, demuestra que en cada unión conyugal del varón y de la mujer se descubre de nuevo la misma conciencia originaria del significado unitivo del cuerpo en su masculinidad y feminidad; con esto, el texto bíblico indica al mismo tiempo que en cada una de estas uniones se renueva, en cierto modo, el misterio de la creación en toda su profundidad originaria y fuerza vital. «Tomada del hombre» como «carne de su carne», la mujer se convierte a continuación como «esposa» y, a través de su maternidad, en madre de los vivientes (cfr *Gen* 3, 20), porque su maternidad tiene su propio origen también en él. La procreación se arraiga en la creación y cada vez, en cierto sentido, reproduce su misterio.

5. A este tema dedicaremos una reflexión especial: «El conocimiento y la procreación». En ella habrá que referirse todavía a otros elementos del texto bíblico. El análisis del significado de la unidad originaria hecho hasta ahora demuestra de qué modo «desde el principio» esa unidad del varón y de la mujer, inherente al misterio de la creación, se da también como un compromiso en la perspectiva de todos los tiempos siguientes.

Capítulo XI
LA DESNUDEZ ORIGINARIA[1]

1. Se puede decir que el análisis de los primeros capítulos del *Génesis* nos obliga, en cierto sentido, a reconstruir los elementos constitutivos de la experiencia originaria del hombre. En este sentido, el texto yahvista es una fuente peculiar por su carácter. Al hablar de las originarias experiencias humanas, tenemos en la mente no tanto su lejanía en el tiempo cuanto, más bien, su significado fundante. Lo importante, pues, no es que estas experiencias pertenezcan a la prehistoria del hombre (a su «prehistoria teológica»), sino que estén siempre en la raíz de toda experiencia humana. Esto es verdad, aun cuando no se presta mucha atención a estas experiencias esenciales en el desarrollo ordinario de la existencia humana. Efectivamente, están tan entrelazadas con las cosas ordinarias de la vida, que, en general, no nos damos cuenta de su carácter extraordinario. Según los análisis hechos hasta ahora, ya hemos podido percatarnos de que cuanto hemos llamado al comienzo «revelación del cuerpo» nos ayuda, de algún modo, a descubrir lo extraordinario de esto que es ordinario. Esto es posible porque la revelación (esa originaria revelación, que encontró expresión primero en el relato yahvista de *Génesis* 2-3; después, en el texto de *Génesis* 1) tiene en cuenta precisamente *estas*

---
[1] Audiencia general, 12-XII-1979.

*experiencias primordiales, en las que aparece de manera
casi completa la originalidad absoluta* de lo que es el ser
humano varón-mujer; esto es, en cuanto hombre a través
de su cuerpo. La experiencia humana del cuerpo, tal
como la descubrimos en los textos bíblicos citados, se encuentra ciertamente en los umbrales de toda la experiencia «histórica» sucesiva. Sin embargo, parece apoyarse
también sobre una profundidad ontológica tal, que el
hombre no la percibe en la propia vida cotidiana aun
cuando al mismo tiempo y en cierto modo la presupone y
la postula como parte del proceso de formación de la
propia imagen.

2. Sin esta reflexión introductoria sería imposible precisar el significado de la desnudez originaria y afrontar el
análisis de *Génesis* 2, 25, que dice así: «Estaban ambos
desnudos, el varón y su mujer, sin avergonzarse de ello».
A primera vista, la introducción de este detalle, aparente-
mente secundario, en el relato yahvista de la creación del
hombre puede parecer algo inadecuado y desfasado.
Cabría pensar que el pasaje citado no puede sostener la
comparación con lo que se trata en los versículos precedentes, y que en cierto sentido sobrepasa el contexto. Sin
embargo, en un análisis profundo, este juicio no se mantiene. Efectivamente, el *Génesis*, 2, 25 presenta uno de los
elementos-clave de la revelación originaria, igualmente
determinante que los otros textos genesíacos (2, 20 y 2,
23), que nos han permitido ya precisar el significado de
la soledad originaria y de la unidad originaria del hombre. Se añade a éstos, como elemento tercero, *el significado de la desnudez originaria,* claramente puesto en evidencia dentro del contexto; *y lo cual, en el primer esbozo
bíblico de la antropología no es algo accidental.* Al contrario, es precisamente la clave para su comprensión plena y
completa.

3. Es obvio que precisamente este elemento del antiguo texto bíblico dé a la teología del cuerpo una aportación específica, de la que no se puede prescindir en absoluto. Nos lo confirmarán los análisis ulteriores. Pero antes de comenzarlos me permito observar que el propio texto de *Génesis* 2, 25 exige expresamente unir las reflexiones sobre la teología del cuerpo con la dimensión de la subjetividad personal del hombre; en este ámbito, efectivamente, se desarrolla la conciencia del significado del cuerpo. El *Génesis* 2, 25 habla de ello de manera mucho más directa que otras partes de ese texto yahvista, que hemos definido ya como primer registro de la conciencia humana. La frase según la cual los primeros seres humanos, varón y mujer, «estaban desnudos» y, sin embargo, «no se avergonzaban de ello», describe, indudablemente, su estado de conciencia; más aún, su experiencia recíproca del cuerpo, esto es, la experiencia, por parte del varón, de la feminidad que se revela en la desnudez del cuerpo, y, recíprocamente, la experiencia análoga de la masculinidad, por parte de la mujer. Al afirmar que «no se avergonzaban de ello», el autor trata de describir esta *experiencia recíproca del cuerpo con la máxima precisión que le es posible*. Se puede decir que este tipo de precisión refleja una experiencia base del hombre en sentido «ordinario» y precientífico, pero corresponde también a las exigencias de la antropología, y en particular de la antropología contemporánea, que se vuelve gustosamente a las llamadas experiencias de fondo, como la experiencia del pudor[2].

4. Al aludir aquí a la precisión del relato tal cual le era

---

[2] Cfr, por ejemplo, M. SCHELER, *Über Scham und Schamgefüh* (Halle 1914); Fr. SAWICKI, *Fenomenología wstydliwosci* (Fenomenología del pudor) (Cracovia 1949); y también K. WOJTYLA, *Milosc i odpowiedzialnosc* (Cracovia 1962), pp. 165-185 (en italiano: *Amore e responsabilità* [Roma 1978], 2ª ed., pp. 161-178).

posible al autor del texto yahvista, somos inducidos a considerar los grados de experiencia del hombre «histórico», cargado con la herencia del pecado; pero esos grados de experiencia arrancan metodológicamente del estado de inocencia originaria. Ya hemos constatado antes que, al referirse «al principio» (sometido por nosotros aquí a sucesivos análisis del contexto), Cristo establece indirectamente la idea de continuidad y de vinculación entre esos dos estados, como si nos permitiese retroceder desde el umbral de la situación de pecado «histórico» del hombre hasta su inocencia originaria. Precisamente el *Génesis* 2, 25 exige de manera especial pasar ese umbral. Es fácil observar cómo este paso, junto con el significado de la desnudez originaria inherente a él, se inserta en el conjunto del contexto de la narración yahvista. Efectivamente, después de algunos versículos escribe el mismo autor: «Abriéronse los ojos de ambos, y entonces, viendo que estaban desnudos, cosieron unas hojas de higuera y se hicieron unos cinturones» (*Gen* 3, 7). El adverbio «entonces» indica un momento nuevo y una nueva situación que siguen a la ruptura de la primera Alianza; es una situación que sigue a la desilusión de la prueba unida al árbol de la ciencia del bien y del mal, que al mismo tiempo constituía la primera prueba de «obediencia», esto es, de escucha de la Palabra en toda su verdad y de aceptación del Amor según la plenitud de las exigencias de la Voluntad creadora. Este momento nuevo o situación nueva engloba también un contenido nuevo y una calidad nueva de la experiencia del cuerpo, de modo que no se puede decir más: «Estaban desnudos, pero no se avergonzaban de ello». *La vergüenza, por lo tanto, es aquí una experiencia no sólo originaria, sino «de límite».*

5. Por esto es significativa la diferencia de formulaciones que separa a *Génesis*, 2, 25 de *Génesis* 3, 7. En el primer caso «estaban desnudos, pero no se avergonzaban

de ello»; en el segundo caso, «se dieron cuenta de que estaban desnudos». ¿Acaso quiere decirse con esto que en un primer tiempo «no se habían dado cuenta de estar desnudos»? ¿Que no sabían y no veían recíprocamente la desnudez de sus cuerpos? La transformación significativa que nos testimonia el texto bíblico sobre la experiencia de la vergüenza (de la que habla aún el *Génesis*, especialmente en 3, 10-12) se realiza en un nivel más profundo del puro y simple uso del sentido de la vista. El análisis comparativo entre *Génesis* 2, 25 y *Génesis* 3, 7 lleva necesariamente a la conclusión de que aquí no se trata del paso del «no conocer» al «conocer», sino de un *cambio radical del significado de la desnudez originaria* de la mujer frente al varón, y del varón frente a la mujer. Surge de su conciencia como fruto del árbol de la ciencia del bien y del mal: «¿Quién te ha hecho saber que estabas desnudo? ¿Es que has comido del árbol de que te prohibí comer?» (*Gen* 3, 11). Este cambio se refiere directamente a la experiencia del significado del propio cuerpo frente al Creador y a las criaturas. Esto se confirma a continuación por las palabras del hombre: «Te he oído en el jardín, y temeroso, porque estaba desnudo, me escondí» (*Gen* 3, 10). Pero especialmente ese cambio que el texto yahvista delinea de manera tan concisa y dramática, se refiere directamente, acaso del modo más directo posible, a la relación varón-mujer, feminidad-masculinidad.

6. Deberemos volver sobre el análisis de esta transformación todavía en otras partes de nuestras reflexiones ulteriores. Ahora, llegados a ese límite que atraviesa la esfera del «principio» al que se remitió Cristo, deberemos preguntarnos *si será posible reconstruir, de algún modo, el significado originario de la desnudez*, que en el libro del *Génesis* constituye el contexto próximo de la doctrina acerca de la unidad del ser humano en cuanto varón y mujer. Esto parece posible *si tomamos como punto de re-*

ferencia la experiencia de la vergüenza, tal como está claramente presentada, como experiencia «liminal», en el antiguo texto bíblico.

Trataremos de hacer un intento de esta reconstrucción en nuestras meditaciones siguientes.

Capítulo XII
EL SIGNIFICADO DEL CUERPO[1]

1. ¿Qué es la vergüenza y cómo explicar su ausencia en el estado de inocencia originaria, en la profundidad misma del misterio de la creación del hombre como varón y mujer? De los análisis contemporáneos de la vergüenza –y en particular del pudor sexual–, se deduce la complejidad de esta experiencia fundamental, en la que el hombre se expresa como persona según la estructura que le es propia. En la experiencia del pudor, el ser humano experimenta el temor en relación al «segundo yo» (así, por ejemplo, la mujer frente al varón), y esto es sustancialmente temor por el propio «yo». Con el pudor, el ser humano manifiesta casi «instintivamente» la necesidad de la afirmación y de la aceptación de este «yo» según su justo valor. Lo experimenta al mismo tiempo, tanto dentro de sí como al exterior, frente al «otro». Se puede decir, pues, que el pudor es una experiencia compleja también, en el sentido de que, como alejando un ser humano del otro (la mujer del varón), al mismo tiempo busca su cercanía personal, creándoles una base y un nivel idóneos.

Por la misma razón, el pudor tiene un significado fundamental en cuanto a la formación del *ethos* en la convivencia humana, y especialmente en la relación

---

[1] Audiencia general, 19-XII-1979.

varón-mujer. El análisis del pudor indica con claridad lo profundamente que está arraigado en las relaciones mutuas, *lo exactamente que expresa las reglas esenciales en la «comunión de las personas»*, y del mismo modo, *lo profundamente que toca la dimensión de la «soledad» originaria del hombre*. La aparición de la «vergüenza» en la sucesiva narración bíblica del capítulo 3 del *Génesis* tiene un significado pluridimensional, y a su tiempo nos convendrá emprender de nuevo su análisis.

En cambio, ¿qué significa su ausencia originaria en el *Génesis* 2, 25: «Estaban desnudos, sin avergonzarse de ello»?

2. Ante todo, es necesario establecer que se trata de una real no presencia de la vergüenza y no de una carencia de ella o de un subdesarrollo de la misma. Aquí no podemos sostener de modo alguno una «primitivización» de su significado. Por lo tanto, el texto de *Génesis* 2, 25 no sólo excluye decididamente la posibilidad de pensar en una «falta de vergüenza», o sea, la impudicicia, sino aún más, excluye que se la explique mediante la analogía con algunas experiencias humanas positivas, como por ejemplo, las de la edad infantil o las de la vida de los llamados pueblos primitivos. Estas analogías no sólo son insuficientes, sino que pueden ser además engañosas. Las palabras de *Génesis* 2, 25 «sin avergonzarse de ello», no expresan carencia, sino, al contrario, sirven para indicar una especial plenitud de conciencia y de experiencia; sobre todo, la plenitud de comprensión del significado del cuerpo, unida al hecho de que «estaban desnudos».

Que se deba comprender e interpretar así el texto citado, lo testifica la continuación del relato yahvista, en el que la aparición de la vergüenza, y especialmente del pudor sexual, está vinculada con la pérdida de esa plenitud originaria. Presuponiendo, pues, la experiencia del pudor como experiencia «de límite», debemos preguntarnos *a qué plenitud de conciencia y de experiencia, y en particular a qué plenitud de comprensión del significado del cuerpo corresponda el significado de la desnudez originaria,* de la que habla el *Génesis* 2, 25.

3. Para contestar a esta pregunta es necesario tener presente el proceso analítico hecho hasta ahora, que tiene su base en el conjunto del pasaje yahvista. En este contexto, la soledad originaria del hombre se manifiesta como «no-identificación» de la propia humanidad con el mundo de los seres vivientes (*animalia*) que le rodean.

Esta «no-identificación» después de la creación del hombre como varón y mujer cede el puesto al descubrimiento feliz de la humanidad propia «con la ayuda» del otro ser humano; así el varón reconoce y vuelve a encontrar la propia humanidad «con la ayuda» de la mujer (*Gen* 2, 25). Esto realiza, al mismo tiempo, una percepción del mundo, que se efectúa directamente a través del cuerpo («carne de mi carne»). Es la fuente directa y visible de la experiencia, que logra establecer su unidad en la humanidad. Por esto no es difícil entender que la desnudez corresponde a esa plenitud de conciencia del significado del cuerpo que se deriva de la típica percepción de los sentidos. Se puede pensar en esta plenitud con categorías de verdad del ser o de la realidad, y se puede decir que el varón y la mujer originariamente habían sido dados el uno al otro precisamente según esta verdad, en cuanto «estaban desnudos». En el análisis del significado de la desnudez originaria no se puede prescindir en absoluto de esta dimensión. *Este participar en la percepción del mundo* –en su aspecto «*exterior*»– es un hecho directo y casi espontáneo anterior a cualquier complicación «crítica» del conocimiento y de la experiencia humana, y aparece estrechamente *unido a la experiencia del significado del cuerpo humano.* Así ya se podría percibir la inocencia originaria del «conocimiento».

4. Sin embargo, no se puede individuar el significado de la desnudez originaria considerando sólo la participación del hombre en la percepción exterior del mundo, no se puede establecer sin descender a lo íntimo del hombre. El *Génesis* 2, 25 nos introduce precisamente en este nivel, y quiere que nosotros busquemos allí la inocencia originaria del conocer. Efectivamente, es necesario explicar y medir, con la dimensión de la interioridad humana, esa especial plenitud de la comunicación interpersonal, gracias a la cual varón y mujer «estaban desnudos, sin avergonzarse de ello». El concepto de «comunicación» en nuestro lenguaje convencional ha sido casi alienado de su más profunda, originaria matriz semántica. Sobre todo, se vincula a la esfera de los medios; esto es, en su mayor parte a lo que sirve para el entendimiento, el intercambio, el acercamiento. Sin embargo, es lícito suponer que, en su significado originario y más profundo, la «comunicación» estaba y está directamente unida a sujetos que se «comunican» precisamente a base de la «común unión» existente entre sí tanto para alcanzar como para expresar una realidad que es propia y pertinente sólo a la esfera de sujetos-personas. De este modo, el cuerpo humano adquiere un significado completamente nuevo, que no puede ser colocado en el plano de la restante percepción «externa» del mundo. Efectivamente, el cuerpo expresa a la persona en su ser concreto ontológico y existencial, que es algo más que el «individuo», y, por lo tanto, expresa el «yo» humano personal, que construye desde dentro su percepción «exterior».

5. Toda la narración bíblica, y especialmente el texto yahvista, muestra que el cuerpo, a través de la propia visibilidad, manifiesta al hombre, y manifestándolo hace de intermediario, es decir, hace que el varón y la mujer desde el comienzo «comuniquen» entre sí según esa *communio personarum* querida por el Creador precisamente

para ellos. Sólo esta dimensión, por lo que parece, nos permite comprender de manera apropiada el significado de la desnudez originaria. A este propósito cualquier criterio «naturalista» está destinado a equivocarse mientras, por el contrario, el criterio «personalista» puede servir de gran ayuda. El *Génesis*, 2, 25 habla ciertamente de algo extraordinario que está fuera de los límites del pudor, conocido mediante la experiencia humana, y que al mismo tiempo *decide la plenitud particular de la comunicación interpersonal*, arraigada en el corazón mismo de esa *communio*, que ha sido revelada y desarrollada así. En esta relación, las palabras «sin avergonzarse de ello» pueden significar (in sensu obliquo) solamente una profundidad original al afirmar lo que es inherente a la persona, lo que es «visiblemente» femenino y masculino, a través de lo cual se constituye la «intimidad personal» de la comunicación recíproca en toda su radical sencillez y pureza. A esta plenitud de *percepción «exterior»*, expresada mediante la desnudez física, *corresponde la plenitud «interior» de la visión del hombre en Dios, esto es, según la medida de la «imagen de Dios»* (cfr *Gen* 1, 17). Según esta medida, el hombre «está» realmente desnudo («estaban desnudos»: *Gen* 2, 25)[2] antes aun de darse cuenta de ello (cfr *Gen* 3, 7-10).

Deberemos completar todavía el análisis de este texto tan importante durante las meditaciones que seguirán.

---

[2] Dios, según las palabras de la Sagrada Escritura, penetra en la criatura, que delante de Él está totalmente «desnuda»: «No hay cosa creada que no sea manifiesta en su presencia, antes son todas desnudas (*pánta gymná*) y manifiestas a los ojos de Aquel a quien hemos de dar cuenta (*Heb* 4, 13). Esta característica pertenece en particular a la Sabiduría divina: «La sabiduría... por su pureza se difunde y lo penetra todo» (*Sa* 7, 24).

Capítulo XIII
EL CUERPO, «IMAGEN DE DIOS»
LA CREACIÓN COMO DONACIÓN[1]

1. Volvemos de nuevo al análisis del texto del *Génesis* (2, 25), comenzado hace algunas semanas.

Según este pasaje, el varón y la mujer se ven a sí mismos como a través del misterio de la creación; se ven a sí mismos de este modo, antes de darse cuenta de «que estaban desnudos». Este verse recíproco no es sólo una participación a la percepción «exterior» del mundo, sino que tiene también una dimensión interior de participación en la visión del mismo Creador, de esa visión de la que habla varias veces la narración del capítulo primero: «Y vio Dios ser muy bueno cuanto había hecho» (*Gen* 1, 31). La «desnudez» significa el bien originario de la visión divina. Significa toda la sencillez y plenitud de la visión a través de la cual se manifiesta el valor «puro» del hombre como varón y mujer, el valor «puro» del cuerpo y del sexo. La situación que se indica de manera tan concisa y a la vez sugestiva de la revelación originaria del cuerpo, como resulta especialmente de *Gen* 2, 25, no conoce ruptura interior y contraposición entre lo que es espiritual y lo que es sensible, así como no conoce ruptura y contraposición entre lo que humanamente constituye la

---

[1] Audiencia general, 2-I-1980.

persona y lo que en el hombre determina el sexo: lo que es masculino y femenino.

Al verse recíprocamente, *como a través del misterio mismo de la creación*, varón y mujer *se ven a sí mismos aún más plenamente y más distintamente* que a través del sentido mismo de la vista, es decir, a través de los ojos del cuerpo. Efectivamente, se ven y se conocen a sí mismos con toda la paz de la mirada interior, que crea precisamente la plenitud de la intimidad de las personas. Si la «vergüenza» lleva consigo una limitación específica del ver mediante los ojos del cuerpo, esto ocurre sobre todo porque la intimidad personal está como turbada y casi «amenazada» por esta visión. Según *Gen* 2, 25, el varón y la mujer «no sintieron vergüenza»: al verse y conocerse a sí mismos en toda la paz y tranquilidad de la mirada interior, se «comunican» en la plenitud de la humanidad, que se manifiesta en su como recíproca complementariedad precisamente porque es «masculina» y «femenina». Al mismo tiempo «se comunican», según esa comunión de las personas, en la que, a través de la feminidad y masculinidad, se convierten en don recíproco la una para la otra. De este modo alcanzan en la reciprocidad una comprensión especial del significado del propio cuerpo. El significado originario de la desnudez corresponde a esa sencillez y plenitud de visión, en la cual la comprensión del significado del cuerpo nace casi en el corazón mismo de su comunidad-comunión. La llamaremos «esponsalicia». El varón y la mujer en *Gen* 2, 23-25, surgen al «principio» mismo precisamente con esta conciencia del significado del propio cuerpo. Esto merece un análisis profundo.

2. Si el relato de la creación del hombre en las dos versiones, la del capítulo primero y la yahvista del capítulo segundo, nos permite establecer el significado originario de la soledad, de la unidad y de la desnudez, por esto mismo nos permite también encontrarnos sobre el terre-

no de una antropología adecuada, que trata de comprender e interpretar al hombre en lo que es esencialmente humano[2]. Los textos bíblicos contienen los elementos esenciales de esa antropología, que se manifiestan en el contexto teológico de la «imagen de Dios». Este concepto encierra en sí la raíz misma de la verdad sobre el hombre, revelada a través de ese «principio», al que se remite Cristo en la conversación con los fariseos (cfr *Mt* 19, 3-9), hablando de la creación del hombre como varón y mujer. Es necesario recordar que todos los análisis que hacemos aquí se vuelven a unir, al menos indirectamente, precisamente con estas palabras suyas. El hombre, al que Dios ha creado «varón y mujer», lleva impresa en el cuerpo, «desde el principio», la imagen divina; varón y mujer constituyen como dos diversos modos del humano «ser cuerpo» en la unidad de esa imagen.

Ahora bien: conviene dirigirse de nuevo a esas palabras fundamentales de las que se sirvió Cristo, esto es, a la palabra «creó», al sujeto «Creador», introduciendo en las consideraciones hechas hasta ahora *una nueva dimensión, un nuevo criterio de comprensión e interpretación,* que llamaremos «*hermenéutica del don*». La dimensión del don decide sobre la verdad esencial y sobre la profundidad del significado de la originaria soledad-unidad-desnudez. Ella está también en el corazón mismo de la creación, que nos permite construir la teología del cuerpo «desde el principio», pero exige, al mismo tiempo, que la construyamos de este modo.

---

[2] El concepto de «antropología adecuada» ha sido explicado en el mismo texto como «comprensión e interpretación del hombre en lo que es esencialmente humano». Este concepto determina el principio mismo de reducción, propio de la filosofía del hombre; indica el límite de este principio, e indirectamente excluye que se pueda traspasar este límite. La antropología «adecuada» se apoya sobre la experiencia esencialmente «humana», oponiéndose al reduccionismo de tipo «naturalístico», que frecuentemente va junto con la teoría evolucionista acerca de los comienzos del hombre.

3. La palabra «creó», en labios de Cristo, contiene la misma verdad que encontramos en el libro del *Génesis*. El primer relato de la creación repite varias veces esta palabra, desde *Gen* 1, 1 («al principio creó Dios los cielos y la tierra») hasta *Gen* 1, 27 («creó Dios al hombre a imagen suya»)[3]. Dios se revela a Sí mismo sobre todo como Creador. Cristo se remite a esa revelación fundamental contenida en el libro del *Génesis*. El concepto de creación tiene en él toda su profundidad, no sólo metafísica, sino también plenamente teológica. Creador es el que «llama a la existencia de la nada» y el que establece en la existencia al mundo y al hombre en el mundo *porque Él «es amor»* (*1 Jn* 4, 8). A decir verdad, no encontramos esta palabra amor (Dios es amor) en el relato de la creación; sin embargo, este relato repite frecuentemente: «Vio Dios cuanto había hecho y era muy bueno». A través de estas palabras somos llevados a entrever en el amor el motivo divino de la creación, como la fuente de la que brota: *efectivamente, sólo el amor da comienzo al bien y se complace en el bien* (cfr *1 Cor* 13). Por esto, la creación, como obra de Dios, significa no sólo llamar de la nada a la existencia y establecer la existencia del mundo y del hombre en el mundo, sino que significa también, según la primera narración «beresit bara», *donación*: una donación fundamental y «radical», es decir, una donación en la que el don surge precisamente de la nada.

4. La lectura de los primeros capítulos del libro del *Génesis* nos introduce en el misterio de la creación, esto es, del comienzo del mundo por voluntad de Dios, que es

---

[3] El término hebreo «bara» = creó, usado exclusivamente para determinar la acción de Dios aparece en el relato de la creación sólo en el v. 1 (creación del cielo y de la tierra), en el v. 21 (creación de los animales) y en el v. 27 (creación del hombre); pero aquí aparece hasta *tres veces*. Esto significa la plenitud y la perfección de ese acto que es la creación del hombre, varón y mujer. Esta iteración indica que la obra de la creación ha alcanzado aquí su punto culminante.

omnipotencia y amor. En consecuencia, toda criatura lleva en sí el signo del don originario y fundamental. Sin embargo, al mismo tiempo, el concepto de «donar» no puede referirse a una nada. Ese concepto indica al que da y al que recibe el don, y también la relación que se establece entre ellos. Ahora, esta relación surge del relato de la creación en el momento mismo de la creación del hombre. Esta relación se manifiesta sobre todo por la expresión: «Dios creó al hombre a imagen suya, a imagen de Dios lo creó» (*Gen* 1, 27). En el relato de la creación del mundo visible el donar tiene sentido sólo respecto al hombre. En toda la obra de la creación, sólo de él se puede decir que ha sido gratificado por un don: el mundo visible ha sido creado «para él». El relato bíblico de la creación nos ofrece motivos suficientes para esta comprensión e interpretación: *La creación es un don, porque en ella aparece el hombre, que, como «imagen de Dios» es capaz de comprender el sentido mismo del don* en la llamada de la nada a la existencia. Y es capaz de responder al Creador con el lenguaje de esta comprensión. Al interpretar con este lenguaje el relato de la creación, se puede deducir de él que ella constituye el don fundamental y originario: el hombre aparece en la creación como el que ha recibido en don el mundo, y viceversa, puede decirse también que el mundo ha recibido en don al hombre.

Al llegar aquí, debemos interrumpir nuestro análisis. Lo que hemos dicho hasta ahora está en relación estrechísima con toda la problemática antropológica del «principio». El hombre aparece allí como «creado», esto es, como el que, en medio del «mundo», ha recibido en don a otro hombre. Y precisamente esta dimensión del don debemos someterla a continuación a un análisis profundo, para comprender también el significado del cuerpo humano en su justa medida. Esto será el objeto de nuestras próximas meditaciones.

Capítulo XIV
MASCULINIDAD Y FEMINIDAD
EXPRESIÓN DE LA COMUNIÓN DE PERSONAS[1]

1. Releyendo y analizando el segundo relato de la creación, esto es, el texto yahvista, debemos preguntarnos si el primer «hombre» (*'adam*), en su soledad originaria «viviría» el mundo realmente como don, con actitud conforme a la condición efectiva de quien ha recibido un don, como consta por el relato del capítulo primero. Efectivamente, el segundo relato nos presenta al hombre en el jardín del Edén (cfr *Gen* 2, 8); pero debemos observar que, incluso en esta situación de felicidad originaria, el Creador mismo (Dios Yahveh), y después también el «hombre», en vez de subrayar el aspecto del mundo como don subjetivamente beatificante, creado para el hombre (cfr el primer relato y en particular *Gen* 1, 26-29), ponen de relieve que el hombre está «solo». Hemos analizado ya el significado de la soledad originaria; pero ahora es necesario observar que por vez primera aparece claramente una cierta carencia de bien: «No es bueno que el hombre (varón) esté solo –dice Dios Yahveh–, voy a hacerle una ayuda...» (*Gen* 2, 18). Lo mismo afirma el primer «hombre», también él, después de haber tomado conciencia hasta el fondo de la propia soledad entre todos los seres vivientes sobre la tierra, espera una «ayuda

---

[1] Audiencia general, 9-I-1980.

101

semejante a él» (cfr *Gen* 2, 20). Efectivamente, ninguno de estos seres (animales) ofrece al hombre las condiciones básicas *que hagan posible existir en una relación de don recíproco.*

2. Así, pues, estas dos expresiones (esto es, el adjetivo «solo» y el sustantivo «ayuda») parecen ser realmente la clave para comprender la esencia misma del don a nivel de hombre como contenido existencial inscrito en la verdad de la «imagen de Dios». Efectivamente, el don revela, por decirlo así, *una característica especial de la existencia personal*; más aún, de la misma esencia de la persona. Cuando Dios Yahveh dice que «no es bueno que el hombre esté solo» (*Gen* 2, 18), afirma que el hombre por sí «solo» no realiza totalmente esta esencia. Solamente la realiza existiendo *«con alguno», y aún más profundamente y más completamente: existiendo «para alguno».* Esta norma de existir como persona se demuestra en el libro del *Génesis* como característica de la creación, precisamente por medio del significado de estas dos palabras: «solo» y «ayuda». Ellas indican precisamente lo fundamental y constitutiva que es para el hombre la relación y la comunión de las personas. Comunión de las personas significa existir en un recíproco «para», en una relación de don recíproco. Y esta relación es precisamente la realización de la soledad originaria del «hombre».

3. Esta realización es, en su origen, beatificante. Está implícita sin duda en la felicidad originaria del hombre, y constituye precisamente esa felicidad que pertenece al misterio de la creación hecha por amor, es decir, pertenece a la esencia misma del donar creador. Cuando el hombre-«varón», al despertar del sueño genesíaco, ve al hombre-«mujer», tomada de él, dice: «Esto sí que es ya hueso de mis huesos y carne de mi carne» (*Gen* 2, 23); estas palabras expresan, en cierto sentido, el comienzo subjetiva-

mente beatificante de la existencia del hombre en el mundo. En cuanto se ha verificado al «principio», esto confirma el proceso de individuación del hombre, en el mundo, y nace, por así decir, de la profundidad misma de su soledad humana, que él vive como persona frente a todas las otras criaturas y a todos los seres vivientes (*animalia*). También este principio, pues, pertenece a una antropología adecuada y puede ser verificado siempre según ella. Esta verificación puramente antropológica nos lleva, al mismo tiempo, al tema de la «persona» y al tema «cuerpo-sexo». Esta simultaneidad es esencial. Efectivamente, si tratáramos del sexo sin la persona, quedaría destruida toda la educación de la antropología que encontramos en el libro del *Génesis*. Y entonces estaría velada para nuestro estudio teológico la luz esencial de la revelación del cuerpo, que se transparenta con tanta plenitud en estas primeras afirmaciones.

4. Hay un fuerte vínculo entre el misterio de la creación como don que nace del Amor, y ese «principio» beatificante de la existencia del hombre como varón y mujer, en toda la realidad de su cuerpo y de su sexo, que es simple y pura verdad de comunión entre las personas. Cuando el primer hombre, al ver a la primera mujer, exclama: «Es carne de mi carne y hueso de mis huesos» (*Gen* 2, 23), afirma sencillamente la identidad humana de ambos. Exclamando así, parece decir: ¡*He aquí un cuerpo que expresa la «persona»*! Atendiendo a un pasaje precedente del texto yahvista, se puede decir también este «cuerpo» revela al «alma viviente», tal como fue el hombre cuando Dios Yahveh alentó la vida en él (cfr *Gen* 2, 7), por la cual comenzó su soledad frente a todos los seres vivientes. Precisamente atravesando la profundidad de esta soledad originaria, surge ahora el hombre en la dimensión del don recíproco, cuya expresión –que por esto mismo es expresión de su existencia como persona– es el cuerpo

humano en toda la verdad originaria de su masculinidad y feminidad. El cuerpo, que expresa la feminidad «para» la masculinidad, y viceversa, la masculinidad «para» la feminidad, manifiesta la reciprocidad y la comunión de las personas. La expresa a través del don como característica fundamental de la existencia personal. Éste es el cuerpo: testigo de la creación como de un don fundamental, testigo, pues, del *Amor como fuente de la que nació este mismo donar.* La masculinidad-feminidad –esto es, el sexo– es el signo originario de una donación creadora y de una toma de conciencia por parte del hombre, varón-mujer, de un don vivido, por así decirlo, de modo originario. Este es el significado con el que el sexo entra en la teología del cuerpo.

5. Ese «comienzo» beatificante del ser y del existir del hombre, como varón y mujer, está unido con la revelación y con el descubrimiento del significado del cuerpo, que conviene llamar «esponsalicio». Si hablamos de revelación y a la vez de descubrimiento, lo hacemos en relación a lo específico del texto yahvista, en el que el hilo teológico es también antropológico; más aún, aparece como una cierta realidad conscientemente vivida por el hombre. Hemos observado ya que a las palabras que expresan la primera alegría de la aparición del hombre en la existencia como «varón y mujer» (*Gen* 2, 23) sigue el versículo que establece su unidad conyugal (cfr *Gen* 2, 24), y luego el que testifica la desnudez de ambos, sin que tengan vergüenza recíproca (cfr *Gen* 2, 25). Precisamente esta confrontación significativa nos permite hablar de la *revelación y a la vez del descubrimiento del significado «esponsalicio» del cuerpo* en el misterio mismo de la creación. Este significado (en cuanto revelado e incluso consciente, «vivido» por el hombre) confirma hasta el fondo que el donar creador, que brota del Amor, alcanzó la conciencia originaria del hombre, convirtiéndose en expe-

riencia de don recíproco, como se percibe ya en el texto arcaico. De esto parece dar testimonio también –acaso hasta de modo específico– esa desnudez de ambos progenitores, libre de vergüenza.

6. *Gen* 2, 24 habla del sentido o finalidad que tiene la masculinidad y feminidad del hombre en la vida de los cónyuges-padres. Al unirse entre sí tan íntimamente que se convierten en «una sola carne», someten, en cierto sentido, su humanidad a la bendición de la fecundidad, esto es, de la «procreación», de la que habla el primer relato (*Gen* 1, 28). El hombre comienza «a ser» con la conciencia de esta finalidad de la propia masculinidad-feminidad, esto es, de la propia sexualidad. Al mismo tiempo, las palabras de *Gen* 2, 25: «Estaban ambos desnudos sin avergonzarse de ello», parecen añadir a esta verdad fundamental del significado del cuerpo humano, de su masculinidad y feminidad, otra verdad no menos esencial y fundamental. El hombre, consciente de la capacidad procreadora del propio cuerpo y del propio sexo, *está al mismo tiempo libre de la «coacción» del propio cuerpo y sexo*. Esa desnudez originaria, recíproca y a la vez no gravada por la vergüenza, expresa esta libertad interior del hombre. ¿Es ésta la libertad del «instinto sexual»? El concepto de «instinto» implica ya una coacción interior, analógicamente al instinto que estimula la fecundidad y la procreación en todo el mundo de los seres vivientes (*animalia*). Pero parece que estos dos textos del libro del *Génesis*, el primer y el segundo relatos de la creación del hombre vinculan suficientemente la perspectiva de la procreación con la característica fundamental de la existencia humana en sentido personal. En consecuencia, la analogía del cuerpo humano y del sexo en relación al mundo de los animales –a la que podemos llamar analogía «de la naturaleza»– en los dos relatos (aunque en cada uno de modo diverso), se eleva también, en cierto

sentido, a nivel de «imagen de Dios» y a nivel de persona y de comunión entre las personas.

Será conveniente dedicar todavía otros análisis a este problema esencial. Para la conciencia del hombre –incluso para el hombre contemporáneo– es importante saber que en esos textos bíblicos que hablan del «principio» del hombre se encuentra la revelación del «significado esponsalicio del cuerpo». Pero es todavía más importante establecer lo que expresa propiamente este significado.

Capítulo XV
EL SIGNIFICADO «ESPONSALICIO» DEL CUERPO[1]

1. Continuamos hoy el análisis de los textos del libro del *Génesis* que hemos emprendido según la línea de la enseñanza de Cristo. Efectivamente, recordamos que, en la conversación sobre el matrimonio, Él se remitió al «principio».

La revelación y, al mismo tiempo, el descubrimiento originario del significado «esponsalicio» del cuerpo consiste en presentar al hombre, varón y mujer, en toda la realidad y verdad de su cuerpo y sexo («estaban desnudos») y, a la vez, en la plena libertad de toda coacción del cuerpo y del sexo. De esto parece dar testimonio la desnudez de los progenitores, interiormente libres de la vergüenza. Se puede decir que, creados por el Amor, esto es, dotados en su ser de masculinidad y feminidad, ambos están «desnudos», porque *son libres con la misma libertad del don*. Esta libertad está precisamente en la base del significado esponsalicio del cuerpo. El cuerpo humano, con su sexo y con su masculinidad y feminidad, visto en el misterio mismo de la creación, es no sólo fuente de fecundidad y de procreación, como en todo el orden natural, sino que incluye desde «el principio» el atributo «esponsalicio», es decir, *la capacidad de expresar el amor: ese amor precisamente en el que el hombre-persona se convierte en*

---

[1] Audiencia general, 16-I-1980.

don y –mediante este don– realiza el sentido mismo de su ser y existir. Recordemos que el texto del último Concilio, donde se declara que el hombre es la única criatura en el mundo visible a la que Dios ha querido «por sí misma», añade que este hombre no puede «encontrar su propia plenitud si no es a través de un don sincero de sí»[2].

2. La raíz de esa desnudez originaria libre de la vergüenza de la que habla *Gen* 2, 25, se debe buscar precisamente en esa verdad integral sobre el hombre. Varón y mujer, en el contexto de su «principio» beatificante, están libres con la misma libertad del don. Efectivamente, para poder permanecer en la relación del «don sincero de sí» y para convertirse en este don el uno para el otro, a través de toda su humanidad hecha de feminidad y masculinidad (incluso en relación a esa perspectiva de la que habla *Gen* 2, 24), deben ser libres precisamente de este modo. Entendemos aquí la libertad sobre todo como *dominio de sí mismo* (autodominio). Bajo este aspecto, esa libertad es indispensable *para que el hombre pueda «darse a sí mismo»*, para que pueda convertirse en don, para que

_____

[2] «Más aún, cuando el Señor Jesús ruega al Padre para que todos sean una sola cosa, 'como Yo y Tú somos una sola cosa' (*Jn* 17, 21-22), abriéndonos perspectivas cerradas a la razón humana, nos ha sugerido una cierta semejanza entre la unión de las personas divinas y la unión de los hijos de Dios en la verdad y en la caridad. Esta semejanza demuestra que el hombre, única criatura terrestre a la que Dios ha amado por sí mismo, no puede encontrar su propia plenitud si no es en la entrega de sí mismo a los demás» (*Gaudium et spes*, 24).
El análisis estrictamente teológico del libro del *Génesis*, en particular de *Gen* 2, 23-25, nos permite hacer referencia a este texto. Esto es, constituye un paso más entre la «antropología adecuada» y la «teología del cuerpo», estrechamente ligada al descubrimiento de las características esenciales de la existencia personal en la «prehistoria teológica» del hombre. Aunque esto puede encontrar resistencia por parte de la mentalidad evolucionista (incluso entre los teólogos), sin embargo sería difícil no advertir que el texto analizado del libro del *Génesis*, especialmente *Gen* 2, 23-25, demuestra la dimensión no sólo «originaria», sino también «ejemplar» de la existencia del hombre, en particular del hombre «como varón y mujer».

(refiriéndonos a las palabras del Concilio) pueda «encontrar su propia plenitud» a través de «un don sincero de sí». De este modo, las palabras «estaban desnudos sin avergonzarse de ello» se pueden y se deben entender como revelación –y a la vez como descubrimiento– de la libertad que hace posible y califica el sentido «esponsalicio» del cuerpo.

3. Pero *Gen* 2, 25 dice todavía más. De hecho, este pasaje indica la posibilidad y la calidad de esta recíproca «experiencia del cuerpo». Y además nos permite identificar ese significado esponsalicio del cuerpo *in actu*. Cuando leemos que «estaban desnudos sin avergonzarse de ello», tocamos indirectamente como su raíz y directamente ya sus frutos. Interiormente libres de la coacción del propio cuerpo y sexo, libres de la libertad del don, varón y mujer *podían gozar de toda la verdad, de toda la evidencia humana,* tal como Dios Yahveh se las había revelado en el misterio de la creación. Esta verdad sobre el hombre, que el texto conciliar precisa con las palabras antes citadas tiene dos acentos principales. El primero afirma que el hombre es la única criatura en el mundo a la que el Creador ha querido «por sí misma»; el segundo consiste en decir que este hombre mismo, querido por Dios desde el «principio» de este modo, puede encontrarse a sí mismo sólo a través de un don desinteresado de sí. Ahora, esta verdad acerca del hombre, que en particular parece tomar la condición originaria unida al «principio» mismo del hombre en el misterio de la creación puede ser interpretada –según el texto conciliar– en ambas direcciones. Esta interpretación nos ayuda a entender todavía mejor el significado esponsalicio del cuerpo, que aparece inscrito en la condición originaria del varón y de la mujer (según *Gen* 2, 23-25) y en particular en el significado de su desnudez originaria.

Si, como hemos constatado, en la raíz de la desnudez

está la libertad interior del don –don desinteresado de sí mismos– ese don precisamente permite a ambos, varón y mujer, *encontrarse recíprocamente*, en cuanto el Creador ha querido a cada uno de ellos *«por sí mismo»* (cfr *Gaudium et spes*, 24). Así el hombre, en el primer encuentro beatificante, encuentra de nuevo a la mujer y ella le encuentra a él. De este modo, él la acoge interiormente; la acoge tal como el Creador la ha querido «por sí misma», como ha sido constituida en el misterio de la imagen de Dios a través de su feminidad; y recíprocamente, ella le acoge del mismo modo, tal como el Creador le ha querido «por sí mismo» y le ha constituido mediante su masculinidad. En esto consiste la revelación y el descubrimiento del significado «esponsalicio» del cuerpo. La narración yahvista, y en particular *Gen* 2, 25, nos permite deducir que el hombre, como varón y mujer, entra en el mundo precisamente con esta conciencia del significado del propio cuerpo, de su masculinidad y feminidad.

4. El cuerpo humano, orientado interiormente por el «don sincero» de la persona, revela no sólo su masculinidad o feminidad en el plano físico, sino que revela también este *valor* y esta *belleza de sobrepasar la dimensión simplemente física de la* «sexualidad»[3]. De este modo se completa, en cierto sentido, la conciencia del significado esponsalicio del cuerpo, vinculado a la masculinidad-feminidad del hombre. Por un lado, este significado indica una capacidad particular de expresar el amor, en el que el hombre se convierte en don; por otro, le corresponde la capacidad y la profunda disponibilidad para la «afirmación de la persona»; esto es, literalmente, la capacidad

---

[3] La tradición bíblica refiere un eco lejano de la perfección física del primer hombre. El Profeta Ezequiel comparando implícitamente al rey de Tiro con Adán en el Edén, escribe así:
«Eras el sello de la perfección, lleno de sabiduría y acabado de belleza. Habitabas el Edén, en el jardín de Dios...» (*Ez* 28, 12-13).

de vivir el hecho de que el otro –la mujer para el varón y el varón para la mujer– es, por medio del cuerpo, alguien a quien ha querido el Creador «por sí mismo», es decir, único e irrepetible: alguien elegido por el Amor eterno. La «afirmación de la persona» no es otra cosa que la acogida del don, la cual, mediante la reciprocidad, crea la comunión de las personas; ésta se construye desde dentro, comprendiendo también toda la «exterioridad» del hombre, esto es, todo eso que constituye la desnudez pura y simple del cuerpo en su masculinidad y feminidad. Entonces –como leemos en *Gen* 2, 25– el varón y la mujer no experimentaban vergüenza. La expresión bíblica «no experimentaban» indica directamente «la experiencia» como dimensión subjetiva.

5. Precisamente en esta dimensión subjetiva, como dos «yo» humanos y determinados por su masculinidad y feminidad, aparecen ambos, varón y mujer, en el misterio de su beatificante «principio» (nos encontramos en el estado de la inocencia originaria y, al mismo tiempo, de la felicidad originaria del hombre). Este aparecer es breve, ya que comprende sólo algún versículo en el libro del *Génesis*; sin embargo, está lleno de un contenido sorprendente, teológico y a la vez antropológico. *La revelación y el descubrimiento del significado esponsalicio del cuerpo explican la felicidad originaria del hombre* y, al mismo tiempo, abren la perspectiva de su historia terrena, en la que él no se sustraerá jamás a este «tema» indispensable de la propia existencia.

Los versículos siguientes del libro del *Génesis*, según el texto yahvista del c. 3, demuestran, a decir verdad, que esta perspectiva «histórica» se construirá de modo diverso del «principio» beatificante (después del pecado original). Pero es tanto más necesario penetrar profundamente en la estructura misteriosa teológica y a la vez antropológica, de este «principio». Efectivamente, en toda la perspectiva de la propia «historia», el hombre no dejará de conferir un significado esponsalicio al propio cuerpo. Aun cuando este significado sufre y sufrirá múltiples deformaciones, siempre permanecerá el nivel más profundo que exige ser revelado en toda su simplicidad y pureza, y manifestarse en toda su verdad, como signo de la «imagen de Dios». Por aquí pasa también el camino que va del misterio de la creación a la «redención del cuerpo» (cfr *Rom* 8).

Al detenernos, por ahora, en el umbral de esta perspectiva histórica, nos damos cuenta claramente, según *Gen* 2, 23-25 del mismo vínculo que existe entre la revelación y el descubrimiento del significado esponsalicio del cuerpo y la felicidad originaria del hombre. Este significado *«esponsalicio»* es también *beatificante* y, como tal, manifiesta, en definitiva, toda la realidad de esa donación de la que hablan las primeras páginas del *Génesis*. Su lectura nos convence del hecho de que la conciencia del significado del cuerpo que se deriva de él –en particular del significado «esponsalicio»– constituye el componente fundamental de la existencia humana en el mundo.

Este significado «esponsalicio» del cuerpo humano se puede comprender solamente en el contexto de la persona. El cuerpo tiene su significado «esponsalicio» porque el hombre-persona es una criatura que Dios ha querido por sí misma y que, al mismo tiempo, no puede encontrar su plenitud si no es mediante el don de sí.

Si Cristo ha revelado al varón y a la mujer, por encima de la vocación al matrimonio, otra vocación –la de renunciar al matrimonio por el Reino de los cielos–, con esta vocación ha puesto de relieve la misma verdad sobre la persona humana. Si un varón o una mujer son capaces de darse en don por el Reino de los cielos, esto prueba a su vez (y quizá aún más) que existe la libertad del don en el cuerpo humano. Quiere decir que este cuerpo posee un pleno significado «esponsalicio».

Capítulo XVI
LA INOCENCIA ORIGINARIA[1]

1. La realidad del don y del acto de donar, delineada en los primeros capítulos del *Génesis*, como contenido constitutivo del misterio de la creación, confirma que la irradiación del amor es parte integrante de este mismo misterio. Sólo el amor crea el bien y, en definitiva, sólo puede ser percibido en todas sus dimensiones y perfiles a través de las cosas creadas y sobre todo del hombre. Su presencia es como el resultado final de la hermenéutica del don que aquí estamos realizando. La felicidad originaria, el «principio» beatificante del hombre a quien Dios creó «varón y mujer» (*Gen* 1, 27), el significado esponsalicio del cuerpo en su desnudez originaria: todo esto expresa el arraigo en el amor. Este donar coherente, que se remonta hasta las raíces más profundas de la conciencia y de la subconsciencia, a los últimos estratos de la existencia subjetiva de ambos varón y mujer, y que se refleja en su recíproca «*experiencia del cuerpo*», *da testimonio del arraigo en el amor*. Los primeros versículos de la Biblia hablan tanto de ello, que disipan toda duda. Hablan no sólo de la creación del mundo y del hombre en el mundo, sino también de la gracia, esto es, de la comunicación de la santidad, de la irradiación del Espíritu, que produce un estado especial de «espiritualización» en ese hombre,

---

[1] Audiencia general, 30-I-1980.

que de hecho fue el primero. En el lenguaje bíblico, esto es, en el lenguaje de la revelación, la calificación de «*primero*» *significa precisamente* «*de Dios*»: «Adán, hijo de Dios» (cfr *Lc* 3, 38).

2. La felicidad es el arraigarse en el amor. La felicidad originaria nos habla del «principio» del hombre, que surgió del Amor y ha dado comienzo al amor. Y esto sucedió de modo irrevocable, a pesar del pecado sucesivo y de la muerte. A su tiempo, Cristo será testigo de este amor irreversible del Creador y Padre, que ya se había manifestado en el misterio de la creación y en la gracia de la inocencia originaria. Y por esto también el «principio» común del varón y de la mujer, es decir, la verdad originaria de su cuerpo en la masculinidad y feminidad, hacia el que dirige nuestra atención *Gen* 2, 25, no conoce la vergüenza. Este «principio» se puede definir también como inmunidad originaria y beatificante de la vergüenza por efecto del amor.

3. Esta inmunidad nos orienta hacia el misterio de la inocencia originaria del hombre. Es un misterio de su existencia, anterior a la ciencia del bien y del mal, y como «al margen» de ésta. El hecho de que el hombre exista en este mundo, antecedentemente a la ruptura de la primera Alianza con su Creador, pertenece a la plenitud del misterio de la creación. Si, como hemos dicho antes, la creación es un don hecho al hombre, entonces *su plenitud* es la dimensión más profunda y *determinada de la gracia*, esto es, de la participación en la vida íntima de Dios mismo, en su santidad. Ésta es también en el hombre fundamento interior y fuente de su inocencia originaria. Con este concepto –y más precisamente con el de «justicia originaria»–, la teología define el estado del hombre antes del pecado original. En el presente análisis del «principio», que nos allana los caminos indispensa-

bles para la comprensión de la teología del cuerpo, debemos detenernos sobre el misterio del estado originario del hombre. En efecto, precisamente esa conciencia del cuerpo –más aún, *la conciencia del significado del cuerpo*– que tratamos de iluminar a través del análisis del «principio», *revela la peculiaridad de la inocencia originaria.* Lo que se manifiesta quizá mayormente en *Gen* 2, 25, es precisamente el misterio de esta inocencia, que tanto el varón como la mujer llevan desde los orígenes, cada uno en sí mismo. Su mismo cuerpo es testigo, en cierto sentido, «ocular» de esta característica. Es significativo que la afirmación encerrada en *Gen* 2, 25 –acerca de la desnudez recíprocamente libre de vergüenza– sea una enunciación única en su género dentro de toda la Biblia, tanto, que no se repetirá jamás. Al contrario, podemos citar muchos textos en los que la desnudez está unida a la vergüenza, o incluso, en sentido todavía más fuerte, a la «ignominia»[2]. En este amplio contexto son mucho más claras las razones para descubrir en *Gen* 2, 25 una huella particular del misterio de la inocencia originaria y un factor especial de su irradiación en el sujeto humano. Esta inocencia pertenece a la dimensión de la gracia contenida en el misterio de la creación, es decir, a ese misterioso *don hecho a lo más íntimo del hombre –al «corazón» humano– que permite* a ambos, varón y mujer, *existir* des-

---

[2] La «desnudez», en el sentido de «falta de vestido» en el antiguo Oriente Medio significaba el estado de abyección de los hombres privados de libertad: esclavos, prisioneros de guerra o condenados, los que no gozaban de la protección de la ley. La desnudez de las mujeres se consideraba deshonor (cfr, por ejemplo, las amenazas de los Profetas *Os* 1, 2 y *Ez* 23, 26. 29).

El hombre libre, atento a su dignidad, debía vestirse suntuosamente: cuanta mayor cola tenían los vestidos, tanto más alta era la dignidad (cfr, por ejemplo, el vestido de José, que inspiraba celos en sus hermanos o de los fariseos, que alargaban sus franjas).

El segundo significado de la «desnudez», en sentido eufemístico, se refería al acto sexual. La palabra hebrea *cerwat* significa un vacío espacial (por ejemplo, del paisaje), falta de vestido, expolio, pero no comportaba nada de oprobioso.

de el «principio» *en la recíproca relación del don desinteresado de sí.* En esto está encerrada la revelación y a la vez el descubrimiento del significado «esponsalicio» del cuerpo en su masculinidad y feminidad. Se comprende por qué hablamos, en este caso, de revelación y a la vez de descubrimiento. Desde el punto de vista de nuestro análisis, es esencial que el descubrimiento del significado esponsalicio del cuerpo, que leemos en el testimonio del libro del *Génesis,* se realice a través de la inocencia originaria; más aún, este descubrimiento es quien la revela y la hace patente.

4. La inocencia originaria pertenece al misterio del «principio» humano, del que se separó después el hombre «histórico» cometiendo el pecado original. Pero esto no significa que no esté en disposición de acercarse a ese misterio mediante su ciencia teológica. El hombre «histórico» trata de comprender el misterio de la inocencia originaria como a través de un contraste, esto es, remontándose a la experiencia de la propia culpa y del propio estado pecaminoso[3]. Trata de comprender la inocencia originaria como característica esencial para la teología del cuerpo, partiendo de la experiencia de la vergüenza; efectivamente, el mismo texto bíblico lo orienta así. *La*

---

[3] «Sabemos que la ley es espiritual, pero yo soy carnal, vendido por esclavo al pecado. Porque no sé lo que hago; pues no pongo por obra lo que quiero, sino lo que aborrezco, eso hago... Pero entonces ya no soy yo quien obra esto, sino el pecado, que mora en mí. Pues yo sé que no hay en mí, esto es, en mi carne, cosa buena. Porque el querer el bien está en mí, pero el hacerlo no. En efecto, no hago el bien que quiero, sino el mal que no quiero. Pero si hago lo que no quiero, ya no soy yo quien lo hace, sino el pecado, que habita en mí. Por consiguiente, tengo en mí esta ley: que, queriendo hacer el bien, es el mal el que se me apega; porque me deleito en la ley de Dios según el hombre interior, pero siento otra ley en mis miembros que repugna a la ley de mi mente y me encadena a la ley del pecado, que está en mis miembros ¡Desdichado de mí! ¿Quién me librará de este cuerpo de muerte?» (*Rom* 7, 14-15, 17-24; cfr «Vídeo meliora proboque, deteriora sequor», OVIDIO, *Metamorph.* VII, 20).

inocencia originaria es, pues, lo que «radicalmente», esto es, *en sus mismas raíces, excluye la vergüenza del cuerpo en la relación varón mujer, elimina su necesidad en el hombre*, en su *corazón*, o sea, en su *conciencia*. Aunque la inocencia originaria hable sobre todo del don del Creador, de la gracia que ha hecho posible al hombre vivir el sentido de la donación primaria del mundo, y en particular el sentido de la donación recíproca del uno al otro a través de la masculinidad y feminidad en este mundo, sin embargo esta inocencia parece referirse ante todo al estado interior del «corazón» humano, de la voluntad humana. Al menos indirectamente, en ella está incluida la revelación y el descubrimiento de la humana conciencia moral, la revelación y el descubrimiento de toda la dimensión de la conciencia –obviamente, antes del conocimiento del bien y del mal–. En cierto sentido, se entiende como rectitud originaria.

5. En el prisma de nuestro «a posteriori histórico» tratamos de reconstruir, en cierto modo, la característica de la inocencia originaria, entendida cual contenido de la experiencia recíproca del cuerpo como experiencia de su significado esponsalicio (según el testimonio de *Gen* 2, 23-25). Puesto que la felicidad y la inocencia están inscritas en el marco de la comunión de las personas, como si se tratase de dos hilos convergentes de la existencia del hombre en el mismo misterio de la creación, *la conciencia beatificante del significado del cuerpo* –esto es, del significado esponsalicio de la masculinidad y feminidad humanas– *está condicionada por la inocencia originaria*. No parece que haya impedimento alguno para entender aquí esa inocencia originaria como una particular «pureza de corazón», que conserva una fidelidad interior al don según el significado esponsalicio del cuerpo. Por consiguiente, la inocencia originaria, concebida así, se manifiesta como un testimonio tranquilo de la conciencia que

(en este caso) precede a cualquier experiencia del bien y del mal; y, sin embargo, este testimonio sereno de la conciencia es algo mucho más beatificante. Efectivamente, se puede decir que la conciencia del significado esponsalicio del cuerpo, en su masculinidad y feminidad, se hace «humanamente» beatificante sólo por medio de este testimonio. Dedicaremos la próxima meditación a este tema, esto es, al vínculo que, en el análisis del «principio» del hombre, se delinea entre su inocencia (pureza de corazón) y su felicidad.

Capítulo XVII
RECÍPROCA «ACEPTACIÓN» DEL OTRO[1]

1. Proseguimos el examen de ese «principio» al que Jesús se remitió en su conversación con los fariseos sobre el matrimonio. Esta reflexión nos exige traspasar los umbrales de la historia del hombre y llegar hasta el estado de inocencia originaria. Para captar el significado de esta inocencia nos basamos, de algún modo, en la experiencia del hombre «histórico», en el testimonio de su corazón, de su conciencia.

2. Siguiendo la línea del «a posteriori histórico», tratamos de reconstruir la peculiaridad de la inocencia originaria encerrada en la experiencia recíproca del cuerpo y de su significado esponsalicio, según lo que afirma *Gen* 2, 23-25. La situación aquí descrita revela la experiencia beatificante del significado del cuerpo que, en el ámbito del misterio de la creación, logra el hombre, por decirlo así, en lo complementario que hay en él de masculino y femenino. Sin embargo, en las raíces de esta experiencia debe estar la libertad interior del don, unida sobre todo a la inocencia; *la voluntad humana es originariamente inocente y, de este modo, se facilita la reciprocidad e intercambio del don del cuerpo, según su masculinidad y feminidad, como don de la persona.* Consiguientemente, la inocencia

---

[1] Audiencia general, 6-II-1980.

119

de que habla *Gen* 2, 25 se puede definir como inocencia de la recíproca experiencia del cuerpo. La frase «Estaban ambos desnudos, el varón y su mujer, sin avergonzarse de ello», expresa precisamente esa inocencia en la recíproca «experiencia del cuerpo», inocencia que inspiraba el interior intercambio del don de la persona que, en la relación recíproca, realiza concretamente el significado esponsalicio de la masculinidad y feminidad. Así, pues, para comprender la inocencia de la mutua experiencia del cuerpo debemos tratar de esclarecer en qué consiste la inocencia interior en el intercambio del don de la persona. Este intercambio constituye, efectivamente, la verdadera fuente de la experiencia de la inocencia.

3. Podemos decir que la inocencia interior (esto es, la rectitud de intención) en el intercambio del don consiste en una recíproca «aceptación» del otro, tal que corresponda a la esencia misma del don; de este modo, la donación mutua crea la comunión de las personas. Por esto, se trata de «acoger» al otro ser humano y de «aceptarlo», precisamente porque en esta relación mutua de que habla *Gen* 2, 23-25 el varón y la mujer se convierten en don el uno para el otro, mediante toda la verdad y la evidencia de su propio cuerpo, en su masculinidad y feminidad. Se trata, pues, de una «aceptación» o «acogida» tal que exprese y sostenga en la desnudez recíproca el significado del don y por eso profundice la dignidad recíproca de él. Esa dignidad corresponde profundamente al hecho de que el Creador ha querido (y continuamente quiere) al hombre, varón y mujer, «por sí mismo». La inocencia «del corazón» y, por consiguiente, la inocencia de la experiencia significa participación moral en el eterno y permanente acto de la voluntad de Dios. Lo contrario de esta «acogida» o «aceptación» del otro ser humano como don sería una privación del don mismo y por eso un trastrueque e incluso una reducción del otro a «objeto para mí

mismo» (objeto de concupiscencia, de «apropiación indebida», etc.). No trataremos ahora detalladamente de esta multiforme, presumible antítesis del don. Pero es necesario constatar ya aquí, en el contexto de *Gen* 2, 23-25, que producir tal extorsión al otro ser humano en su don (a la mujer por parte del varón y viceversa) y reducirlo interiormente a mero «objeto para mí», debería señalar precisamente el comienzo de la vergüenza. Efectivamente, ésta corresponde a una amenaza interferida al don en su intimidad personal y testimonia el derrumbamiento interior de la inocencia en la experiencia recíproca.

4. Según *Gen* 2, 25, «el varón y la mujer no sentían vergüenza». Esto nos permite llegar a la conclusión de que el intercambio del don, en el que participa toda su humanidad, alma y cuerpo, feminidad y masculinidad, se realiza *conservando la característica interior (esto es, precisamente la inocencia) de la donación de sí y de la aceptación del otro como don.* Estas dos funciones de intercambio mutuo están profundamente vinculadas en todo el proceso del «don de sí»: el donar y el aceptar el don se compenetran, de tal manera que el mismo donar se convierte en aceptar y el aceptar se transforma en donar.

5. *Gen* 2, 23-25 nos permite deducir que la mujer, la cual, en el misterio de la creación, fue «dada» al varón por el Creador, es «acogida» o sea, aceptada por él como don, gracias a la inocencia originaria. El texto bíblico es totalmente claro y límpido en este punto. Al mismo tiempo, la aceptación de la mujer por parte del varón y el mismo modo de aceptarla se convierten como en una primera donación, de suerte que la mujer donándose (desde el primer momento en que en el misterio de la creación fue «dada» al varón por parte del Creador) «se descubre» a la vez «a sí misma», gracias al hecho de que ha sido aceptada y acogida, y gracias al modo con que ha sido recibida

por el varón. Ella se encuentra, pues, a sí misma en el propio donarse («a través de un don sincero de sí»: *Gaudium et spes*, 24), cuando es aceptada tal como la ha querido el Creador, esto es, «por sí misma», a través de su humanidad y feminidad; cuando en esta aceptación se asegura toda la dignidad del don, mediante la ofrenda de lo que ella es en toda la verdad de su humanidad y en toda la realidad de su cuerpo y de su sexo, de su feminidad, ella llega a la profundidad íntima de su persona y a la posesión plena de sí. Añadamos que este *encontrarse a sí mismos en el propio don se convierte en fuente de un nuevo don de sí*, *que crece* en virtud de la disposición interior al intercambio del don y en la medida en que encuentra una igual e incluso más profunda aceptación y acogida, como fruto de una cada vez más intensa conciencia del don mismo.

6. Parece que el segundo relato de la creación haya asignado al varón «desde el principio» la función de quien sobre todo recibe el don (cfr especialmente *Gen* 2, 23). La mujer está confiada «desde el principio» a sus ojos, a su conciencia, a su sensibilidad, a su «corazón»; él, en cambio, debe asegurar, de cierto modo, el proceso mismo del intercambio del don, la recíproca compenetración del dar y del recibir en don, la cual, precisamente a través de su reciprocidad, crea una auténtica comunión de personas.

Si la mujer, en el misterio de la creación, es aquella que ha sido «dada» al varón, éste, por su parte, al recibirla como don en la plena realidad de su persona y feminidad, por esto mismo la enriquece, y al mismo tiempo también él se enriquece en esta relación recíproca. El varón se enriquece no sólo mediante ella, que le dona la propia persona y feminidad, sino también mediante la donación de sí mismo. La donación por parte del varón, en respuesta a la de la mujer, es un enriquecimiento para él mismo; en efecto, ahí se *manifiesta* como *la esencia específica de su masculinidad que, a través de la realidad del cuerpo y del sexo, alcanza la íntima profundidad de la «posesión de sí»*, gracias a la cual es capaz tanto de darse a sí mismo como de recibir el don del otro. El varón, pues, no sólo acepta el don, sino que a la vez es acogido como don por la mujer, en la revelación de la interior esencia espiritual de su masculinidad juntamente con toda la verdad de su cuerpo y de su sexo. Al ser aceptado así, se enriquece por esta aceptación y acogida del don de la propia masculinidad. A continuación, esta aceptación, en la que el varón se encuentra a sí mismo a través del «don sincero de sí», se convierte para él en fuente de un nuevo y más profundo enriquecimiento de la mujer con él. El intercambio es recíproco, y en él se revelan y crecen los efectos mutuos del «don sincero» y del «encuentro de sí».

De este modo, siguiendo las huellas del «a posteriori histórico» –y sobre todo siguiendo las huellas de los corazones humanos–, podemos reproducir y casi reconstruir ese recíproco intercambio del don de la persona que está descrito en el antiguo texto, tan rico y profundo, del libro del *Génesis*.

Capítulo XVIII
EL «ETHOS» DEL CUERPO[1]

1. La meditación de hoy presupone cuanto ya se sabe por los diversos análisis hechos hasta ahora. Éstos brotan de la respuesta que dio Jesús a sus interlocutores (Evangelios de San Mateo [19, 3-9] y de San Marcos [10, 1-12]), que le habían presentado una cuestión sobre el matrimonio, sobre su indisolubilidad y unidad. El Maestro les había recomendado considerar atentamente *lo que era «desde el principio»*. Y precisamente por esto, en el ciclo de nuestras meditaciones hasta hoy, hemos intentado reproducir de algún modo la realidad de la unión, o mejor, de la comunión de personas, vivida «desde el principio» por el varón y por la mujer. A continuación hemos tratado de penetrar en el contenido del conciso versículo 25 de *Gen* 2: «Estaban ambos desnudos, el varón y la mujer, sin avergonzarse de ello». Estas palabras hacen referencia al don de la inocencia originaria, revelando su carácter de manera, por así decir, sintética. La teología, basándose en esto, ha construido *la imagen global de la inocencia y de la justicia originaria del hombre antes del pecado original*, aplicando el método de la objetivación, específico de la metafísica y de la antropología metafísica. En el presente análisis tratamos más bien de tomar en consideración el aspecto de la subjetividad humana:

---

[1] Audiencia general, 13-II-1980.

ésta, por lo demás, parece encontrarse más cercana a los textos originarios, especialmente al segundo relato de la creación, esto es, al yahvista.

2. Independientemente de una cierta diversidad de interpretación, parece bastante claro que «la experiencia del cuerpo» como podemos deducir del texto arcaico de *Gen* 2, 23, y más aún de *Gen* 2, 25, indica un grado de «espiritualización» del hombre diverso del que habla el mismo texto después del pecado original (cfr *Gen* 3) y que nosotros conocemos por la experiencia del hombre «histórico». Es una medida diversa de «espiritualización», que comporta otra composición de las fuerzas interiores del hombre mismo, como otra relación cuerpo-alma, otras proporciones internas entre la sensitividad, la espiritualidad, la afectividad, es decir, otro grado de sensibilidad interior hacia los dones del Espíritu Santo. Todo esto condiciona el estado de inocencia originaria del hombre y a la vez lo determina, permitiéndonos también comprender el relato del *Génesis*. La teología y también el Magisterio de la Iglesia han dado una forma propia a estas verdades fundamentales[2].

3. Al emprender el análisis del «principio» según la dimensión de la teología del cuerpo, lo hacemos basándonos en las palabras de Cristo, con las que Él mismo se refirió a ese «principio». Cuando dijo: «¿No habéis leído

---

[2] «Si quis non confitetur primum hominem Adam, cum mandatum Dei *in paradiso* fuisset transgressus, statim *sanctitatem et iustitiam, in qua constitutus fuerat*, amisisse... anathema sit» (CONC. TRIDENT., sess. V, can. 1, 2: DS 788-789).
«Protoparentes in statu sanctitatis et iustitiae constituti fuerunt. (...) Status iustitiae originalis protoparentibus collatus, erat gratuitus et vere supernaturalis. (...) Protoparentes constituti sunt in statu naturae integrae, id est, immunes a concupiscentia, ignorantia, dolore et morte... singularique felicitate gaudebant. (...) Dona integritatis protoparentibus collata, erant gratuita et praeternaturalia» (A. TANQUEREY, *Synopsis Theologiae Dogmaticae* [Paris 1943], pp. 534-549).

que al principio el Creador los hizo varón y mujer?» (*Mt* 19, 4), nos mandó y nos manda siempre retornar a la profundidad del misterio de la creación. Y lo hacemos teniendo plena conciencia del don de la inocencia originaria, propia del hombre antes del pecado original. Aunque una barrera insuperable nos aparte de lo que el hombre fue entonces como varón y mujer, mediante el don de la gracia unida al misterio de la creación, y de lo que ambos fueron el uno para el otro, como don recíproco, sin embargo intentamos *comprender ese estado de inocencia originaria en conexión con el estado «histórico» del hombre después del pecado original*: «status naturae lapsae simul et redemptae».

Por medio de la categoría del «a posteriori histórico» tratamos de llegar al sentido originario del cuerpo y de captar el vínculo existente entre él y la índole de la inocencia originaria en la «experiencia del cuerpo», como se hace notar de manera tan significativa en el relato del libro del *Génesis*. Llegamos a la conclusión de que es importante y esencial precisar este vínculo, no sólo en relación con la «prehistoria teológica» del hombre, donde la convivencia del varón y la mujer estaba casi completamente penetrada por la gracia de la inocencia originaria, sino también en relación a su posibilidad de revelarnos las raíces permanentes del aspecto humano y sobre todo teológico del «*ethos*» *del cuerpo*.

4. El hombre entra en el mundo y casi en la trama íntima de su porvenir y de su historia, con la conciencia del significado esponsalicio del propio cuerpo, de la propia masculinidad y feminidad. La inocencia originaria dice que ese significado está condicionado «éticamente» y además que, por su parte, constituye el porvenir del *ethos* humano. Esto es muy importante para la teología del cuerpo: es la razón por la que debemos construir esta

teología «desde el principio», siguiendo cuidadosamente las indicaciones de las palabras de Cristo.

En el misterio de la creación, el varón y la mujer *han sido «dados» por el Creador, de modo particular, el uno al otro*, y esto no sólo en la dimensión de la primera pareja humana y de la primera comunión de personas, sino en toda la perspectiva de la existencia del género humano y de la familia humana. El hecho fundamental de esta existencia del hombre en cada una de las etapas de su historia es que Dios «los creó varón y mujer»; efectivamente, siempre los crea de este modo y siempre son así. La comprensión de los significados fundamentales, encerrados en el misterio mismo de la creación, como el significado esponsalicio del cuerpo (y de los condicionamientos fundamentales de este significado) es importante e indispensable para conocer quién es el hombre y quién debe ser, y, por tanto, cómo debería plasmar la propia actividad. Es cosa esencial e importante para el porvenir del *ethos* humano.

5. *Gen* 2, 24 constata que los dos, varón y mujer, han sido creados para el matrimonio: «Por eso dejará el hombre a su padre y a su madre, y se unirá a su mujer, y vendrán a ser los dos una sola carne». De este modo se abre una gran perspectiva creadora: que es precisamente la perspectiva de la existencia del hombre, que se renueva continuamente por medio de la «procreación» (se podría decir de la «autorreproducción»). Esta perspectiva está profundamente arraigada en la conciencia de la humanidad (cfr *Gen* 2, 23) y también en la conciencia particular del significado esponsalicio del cuerpo (cfr *Gen* 2, 25). El varón y la mujer, antes de convertirse en marido y esposa (en concreto hablará de ello a continuación *Gen* 4, 1), *surgen del misterio de la creación* ante todo *como hermano y hermana en la misma humanidad*. La comprensión del significado esponsalicio del cuerpo en su masculini-

dad y feminidad revela lo íntimo de su libertad, que es libertad de don. De aquí arranca esa comunión de personas en la que ambos se encuentran y se dan recíprocamente en la plenitud de su subjetividad. Así ambos crecen como personas-sujetos, y crecen recíprocamente el uno para el otro, incluso a través de su cuerpo y a través de esa «desnudez» libre de vergüenza. En esta comunión de personas está perfectamente asegurada toda la profundidad de la soledad originaria del hombre (del primero y de todos) y, al mismo tiempo, esta soledad viene a ser penetrada y ampliada de modo maravilloso por el don del «otro». Si el varón y la mujer dejan de ser recíprocamente don desinteresado, como lo eran el uno para el otro en el misterio de la creación, entonces se dan cuenta de que «están desnudos» (cfr *Gen* 3). Y entonces nacerá en sus corazones la vergüenza de esa desnudez, que no habían sentido en el estado de inocencia originaria.

La inocencia originaria *manifiesta y a la vez constituye el «ethos» perfecto del don.*

Volveremos todavía sobre este tema.

Capítulo XIX
EL CUERPO COMO «SACRAMENTO»
MEDIANTE SU MASCULINIDAD Y FEMINIDAD[1]

1. El libro del *Génesis* pone de relieve que el varón y la mujer han sido creados para el matrimonio: «...Por eso dejará el hombre a su padre y a su madre, y se adherirá a su mujer, y vendrán a ser los dos una sola carne» (*Gen* 2, 24).

De este modo se abre la gran perspectiva creadora de la existencia humana, que se renueva constantemente mediante la «procreación», que es «autorreproducción». Esta perspectiva está radicada en la conciencia de la humanidad y también en la comprensión particular del significado esponsalicio del cuerpo, con su masculinidad y feminidad. Varón y mujer, en el misterio de la creación, son un don recíproco. La inocencia originaria manifiesta y a la vez determina el *«ethos» perfecto del don*.

Hablamos de esto durante el encuentro precedente. A través del ethos del don se delinea en parte el problema de la «subjetividad» del hombre, que es un sujeto hecho a imagen y semejanza de Dios. En el relato de la creación (particularmente en *Gen* 2, 23-25), «la mujer», ciertamente, no es sólo «un objeto» para el varón, aun permaneciendo ambos el uno frente a la otra en toda la plenitud de su objetividad de criaturas, como «hueso de mis huesos y carne de mi carne», como varón y mujer, ambos

---
[1] Audiencia general, 20-II-1980.

desnudos. Sólo la desnudez que hace «objeto» a la mujer para el varón, o viceversa, es fuente de vergüenza. El hecho de que «no sentían vergüenza» quiere decir que la mujer no era un «objeto» para el varón, ni él para ella. La inocencia interior como «pureza de corazón», en cierto modo, hacía imposible que el uno fuese reducido de cualquier modo por el otro al nivel de mero objeto. Si «no sentían vergüenza» quiere decir que estaban unidos por la conciencia del don, tenían recíproca *conciencia del significado esponsalicio de sus cuerpos*, en el que se expresa la libertad del don y *se manifiesta toda la riqueza interior de la persona como sujeto*. Esta recíproca compenetración del «yo» de las personas humanas, del varón y de la mujer, parece excluir subjetivamente cualquier «reducción a objeto». En esto se revela el perfil subjetivo de ese amor, del que se puede decir, sin embargo, que «es objetivo» hasta el fondo, en cuanto que se nutre de la misma recíproca «objetividad» del don.

2. El varón y la mujer, después del pecado original, perderán la gracia de la inocencia originaria. El descubrimiento del significado esponsalicio del cuerpo dejará de ser para ellos una simple realidad de la revelación y de la gracia. Sin embargo, este significado *permanecerá como prenda dada al hombre por el «ethos» del don*, inscrito en lo profundo del corazón humano como eco lejano de la inocencia originaria. De ese significado esponsalicio se formará el amor humano en su verdad interior y en su autenticidad subjetiva. Y el hombre –aunque a través del velo de la vergüenza– se descubrirá allí continuamente a sí mismo como custodio del misterio del sujeto, esto es, de la libertad del don, capaz de defenderla de cualquier reducción a posiciones de puro objeto.

3. Sin embargo, por ahora nos encontramos ante los umbrales de la historia terrena del hombre. El varón y la

mujer no los han atravesado todavía hacia la ciencia del bien y del mal. Están inmersos en el misterio mismo de la creación, y la profundidad de este misterio escondido en su corazón es la inocencia, la gracia, el amor y la justicia. «Y vio Dios ser muy bueno cuanto había hecho» (*Gen* 1, 31). El hombre aparece en el mundo visible como la expresión más alta del don divino porque lleva en sí la dimensión interior del don. Y con ella trae al mundo su particular semejanza con Dios, con la que transciende y domina también su «visibilidad» en el mundo, su corporeidad, su masculinidad o feminidad, su desnudez. Un reflujo de esta semejanza es también la conciencia primordial del significado esponsalicio del cuerpo, penetrada por el misterio de la inocencia originaria.

4. Así, en esta dimensión, se constituye un *sacramento* primordial, entendido como *signo que transmite* eficazmente *en el mundo visible el misterio invisible escondido en Dios desde la eternidad*. Y éste es el misterio de la verdad y del amor, el misterio de la vida divina, de la que el hombre participa realmente. En la historia del hombre es la inocencia originaria la que inicia esta participación y es también fuente de la felicidad originaria. El sacramento, como signo visible, se constituye con el hombre, en cuanto «cuerpo», mediante su «visible» masculinidad y feminidad. En efecto, el cuerpo, y sólo él, es capaz de hacer visible lo que es invisible: lo espiritual y lo divino. Ha sido creado para transferir a la realidad visible del mundo el misterio escondido desde la eternidad en Dios y ser así su signo.

5. Por tanto, en el hombre creado a imagen de Dios se ha revelado, en cierto sentido, la sacramentalidad misma de la creación, la sacramentalidad del mundo. Efectivamente, el hombre, mediante su corporeidad, su masculinidad y feminidad, se convierte en signo visible de la eco-

nomía de la verdad y del amor, que tiene su fuente en Dios mismo y que ya fue revelada en el misterio de la creación. En este amplio telón de fondo comprendemos plenamente las palabras que constituyen el sacramento del matrimonio, presentes en *Gen* 2, 24 («Por eso dejará el hombre a su padre y a su madre, y se adherirá a su mujer, y vendrán a ser los dos una sola carne»). En este amplio telón de fondo comprendemos, además, que las palabras de *Gen* 2, 25 («Estaban ambos desnudos, el varón y su mujer, sin avergonzarse de ello»), a través de toda la profundidad de su significado antropológico, expresan el hecho de que juntamente *con el hombre entró la santidad en el mundo visible*, creado para él. El sacramento del mundo, y el sacramento del hombre en el mundo, proviene de la fuente divina de la santidad, y simultáneamente está instituido para la santidad. La inocencia originaria, unida a la experiencia del significado esponsalicio del cuerpo, es la misma santidad que permite al hombre expresarse profundamente con el propio cuerpo, y esto precisamente mediante el «don sincero» de sí mismo. La conciencia del don condiciona, en este caso, «el sacramento del cuerpo»: el hombre se siente, en su cuerpo de varón o de mujer, sujeto de santidad.

6. Con esta conciencia del significado del propio cuerpo, el hombre, como varón y mujer, entra en el mundo como sujeto de verdad y de amor. Se puede decir que *Gen* 2, 23-25 relata *como la primera fiesta de la humanidad* en toda la plenitud originaria de la experiencia del significado esponsalicio del cuerpo: y es una *fiesta de la humanidad*, que trae origen de las fuentes divinas de la verdad y del amor en el misterio mismo de la creación. Y aunque, muy pronto, sobre esta fiesta originaria se extienda el horizonte del pecado y de la muerte (cfr *Gen* 3), sin embargo, ya desde el misterio de la creación sacamos una primera esperanza: es decir, que el fruto de la eco-

nomía divina de la verdad y del amor, que fue revelada desde «el principio», no es la muerte, sino la vida, y no es tanto la destrucción del cuerpo del hombre creado a «imagen de Dios» cuanto más bien la «llamada a la gloria» (cfr *Rom* 8, 30).

Capítulo XX
EL «CONOCIMIENTO» DE LAS PERSONAS EN LA «UNA CARO»[1]

1. Al conjunto de nuestros análisis, dedicados al «principio» bíblico, deseamos añadir todavía un breve pasaje, tomado del capítulo cuarto del libro del *Génesis*. Sin embargo, a este fin es necesario referirse siempre a las palabras que pronunció Cristo en la conversación con los fariseos (cfr *Mt* 19 y *Mc* 10)[2], en el ámbito de las cuales se desarrollan nuestras reflexiones; éstas miran al contexto de la existencia humana, según las cuales la muerte y la consiguiente destrucción del cuerpo (ateniéndose a ese «al polvo volverás» de *Gen* 3, 19) se han convertido en la suerte común del hombre. Cristo se refiere al «principio», a la dimensión originaria del misterio de la creación, en cuanto que esta dimensión ya había sido rota por el *mysterium iniquitatis*, esto es, por el pecado y, juntamente con él, también por la muerte: *mysterium mortis*. El pecado y la muerte entraron en la historia del

---

[1] Audiencia general, 5-III-1980.

[2] Es necesario tener en cuenta que en la conversación con los fariseos (cfr *Mt* 19, 7-9; *Mc* 10, 4-6), Cristo toma posición respecto a la praxis de la ley mosaica acerca del llamado «libelo de repudio». Las palabras «por la dureza de nuestro corazón», dichas por Cristo, reflejan no sólo «la historia de los corazones», sino también la complejidad de la ley positiva del Antiguo Testamento, que buscaba siempre el «compromiso humano» en este campo tan delicado.

hombre, *en cierto modo a través del corazón mismo de esa unidad, que desde el «principio» estaba formada por el varón y por la mujer*, creados y llamados a convertirse en «una sola carne» (*una caro*) (*Gen* 2, 24). Ya al comienzo de nuestras meditaciones hemos constatado que Cristo, al remitirse al «principio», nos lleva, en cierto modo, más allá del límite del estado pecaminoso hereditario del hombre hasta su inocencia originaria; él nos permite así encontrar la continuidad y el vínculo que existe entre estas dos situaciones, mediante las cuales se ha producido el drama de los orígenes y también la revelación del misterio del hombre al hombre histórico.

Esto, por decirlo así, nos autoriza a pasar, después de los análisis que miran al estado de la inocencia originaria, al último de ellos, es decir, al análisis del «conocimiento y de la generación». Temáticamente está íntimamente unido a la bendición de la fecundidad, inserta en el primer relato de la creación del hombre como varón y mujer (cfr *Gen* 1, 27-28). En cambio, históricamente ya está inserta en ese horizonte de pecado y de muerte que, como enseña el libro del *Génesis* (cfr *Gen* 3), ha gravado sobre la conciencia del significado del cuerpo humano, junto con la transgresión de la primera Alianza con el Creador.

2. En *Gen* 4, y todavía, pues, en el ámbito del texto yahvista, leemos: «Conoció el varón a su mujer, que concibió y parió a Caín, diciendo: 'He alcanzado de Yahveh un varón'. Volvió a parir, y tuvo a Abel, su hermano» (*Gen* 4, 1-2). Si conectamos con el «conocimiento» de un hombre en la tierra, lo hacemos basándonos en la traducción literal del texto, según el cual la «unión» conyugal se define precisamente como «conocimiento». De hecho, la traducción citada dice así: «Adán *se unió* a Eva su mujer», mientras que a la letra se debería traducir: «*conoció* a su mujer», lo que parece corresponder más adecuada-

mente al término semítico *jada'*[3]. Se puede ver en esto un signo de pobreza de la lengua arcaica, a la que faltaban varias expresiones para definir hechos diferenciados. No obstante, es significativo que *la situación, en la que marido y mujer se unen tan íntimamente entre sí que forman «una sola carne» se defina un «conocimiento»*. Efectivamente, de este modo, de la misma pobreza del lenguaje parece emerger una profundidad específica de significado, que se deriva precisamente de todos los significados analizados hasta ahora.

3. Evidentemente, esto es también importante en cuanto al «arquetipo» de nuestro modo de considerar al hombre corpóreo, su masculinidad y su feminidad, y, por tanto, su sexo. Efectivamente, así a través del término «conocimiento», utilizado en *Gen* 4, 1-2 y frecuentemente en la Biblia, la relación conyugal del varón y la mujer, es decir, el hecho de que, a través de la dualidad del sexo, se

---

[3] «Conocer» (*jada'*), en el lenguaje bíblico, no significa solamente un conocimiento meramente intelectual, sino también una experiencia concreta, como, por ejemplo, la experiencia del sufrimiento (cfr *Is* 53, 3), del pecado (cfr *Sab* 3, 13), de la guerra y de la paz (cfr *Jue* 3, 1; *Is* 59, 8). De esta experiencia nace también el juicio moral: «conocimiento del bien y del mal» (*Gen* 2, 9-17).

El «conocimiento» entra en el campo de las relaciones interpersonales cuando mira a la solidaridad de familia (*Dt* 33, 9) y especialmente las relaciones conyugales. Precisamente refiriéndose al acto conyugal, el término subraya la paternidad de personajes ilustres y el origen de su prole (cfr *Gen* 4, 1, 25; 4, 17; *1 Sam* 1, 19), como datos válidos para la genealogía, a la que la tradición de los sacerdotes (por herencia en Israel) daba gran importancia.

Pero el «conocimiento» podía significar también todas las otras relaciones sexuales, incluso las ilícitas (cfr *Num* 31, 17; *Gen* 19, 5; *Jue* 19, 22).

En la forma negativa, el verbo denota la abstención de las relaciones sexuales, especialmente si se trata de vírgenes (cfr, por ejemplo, *1 Re* 2, 4; *Jue* 11, 39). En este campo, el Nuevo Testamento utiliza dos hebraísmos al hablar de José (cfr *Mt* 1, 25) y de María (cfr *Lc* 1, 34).

Adquiere un significado particular el aspecto de la relación existencial del «conocimiento», cuando su sujeto u objeto es Dios mismo (por ejemplo, *Sal* 139; *Jer* 31, 34; *Os* 2, 22; y también *Jn* 14, 7-9; 17, 3).

conviertan en una «sola carne», *ha sido elevado e introducido en la dimensión específica de las personas*. Gen 4, 1-2 habla sólo del «conocimiento» de la mujer por parte del varón, como para subrayar sobre todo la actividad de este último. Pero se puede hablar también de la reciprocidad de este «conocimiento», en el que varón y mujer participan mediante su cuerpo y su sexo. Añadamos que una serie de sucesivos textos bíblicos, como, por lo demás, el mismo capítulo del *Génesis* (cfr, por ejemplo, *Gen* 4, 17; 4, 25), hablan con el mismo lenguaje. Y esto hasta en las palabras que dijo María de Nazaret en la Anunciación: «¿Cómo podrá ser esto, pues yo no conozco varón?» (*Lc* 1, 34).

4. Así, con este bíblico «conoció», que aparece por primera vez en *Gen* 4, 1-2, por una parte nos encontramos frente a la directa expresión de la intención humana (porque es propia del conocimiento), y por otra, frente a toda la realidad de la convivencia y de la unión conyugal, en la que el varón y la mujer se convierten en «una sola carne». Al hablar aquí de «conocimiento», aunque sea a causa de la pobreza de la lengua, la Biblia indica la esencia más profunda de la realidad de la convivencia matrimonial. Esta esencia aparece como un componente y a la vez como un resultado de esos significados cuya huella tratamos de seguir desde el comienzo de nuestro estudio; efectivamente, forma parte de la conciencia del significado del propio cuerpo. En *Gen* 4, 1, al convertirse en «una sola carne», el varón y la mujer experimentan de modo particular el significado del propio cuerpo. Simultáneamente se convierten así como en el único sujeto de ese acto y de esa experiencia, aun siendo, en esta unidad, dos sujetos realmente diversos. Lo que nos autoriza, en cierto sentido, a afirmar que «el marido conoce a la mujer», o también que ambos «se conocen» recíprocamente. Se revelan, pues, el uno a la otra con *esa específica profundi-*

dad del propio «yo» humano, que se revela precisamente también mediante su sexo, su masculinidad y feminidad. Y entonces, de manera singular, la mujer «es dada» al varón de modo cognoscitivo, y él a ella.

5. Si debemos mantener la continuidad respecto a los análisis hechos hasta ahora (particularmente respecto a los últimos, que interpretan al hombre en la dimensión del don), es necesario observar que, según el libro del *Génesis, datum* y *donum* son equivalentes.

Sin embargo, *Gen* 4, 1-2 acentúa sobre todo el *datum*. En el «conocimiento» conyugal, la mujer «es dada» al varón y él a ella, porque el cuerpo y el sexo entran directamente en la estructura y en el contenido mismo de este «conocimiento». Así, pues, la realidad de la unión conyugal, en la que el varón y la mujer se convierten en «una sola carne», contiene en sí un descubrimiento nuevo y, en cierto sentido, definitivo del significado del cuerpo humano en su masculinidad y feminidad. Pero, a propósito de este descubrimiento, ¿es justo hablar sólo de «convivencia sexual»? Es necesario tener en cuenta que cada uno de ellos, varón y mujer, no es sólo un objeto pasivo, definido por el propio cuerpo y sexo, y de este modo determinado «por la naturaleza». Al contrario, precisamente por el hecho de ser varón y mujer, cada uno de ellos es «dado» al otro como sujeto único e irrepetible, como «yo» como persona. El sexo decide no sólo la individualidad somática del hombre, sino que define al mismo tiempo su personal identidad y ser concreto. Y precisamente *en esta personal identidad y ser concreto, como irrepetible «yo» femenino-masculino, el hombre es «conocido» cuando se verifican las palabras de Gen 2, 24:* «El varón... se unirá a su mujer y los dos vendrán a ser una sola carne». El «conocimiento», de que habla *Gen* 4, 1-2 y todos los textos sucesivos de la Biblia, llega a las raíces más íntimas de esta identidad y ser concreto que el varón y la mujer deben a su sexo. Este ser concreto significa tanto la unidad como la irrepetibilidad de la persona.

Valía la pena, pues, reflexionar en la elocuencia del texto bíblico citado y de la palabra «conoció»; a pesar de la aparente falta de precisión terminológica, ello nos permite detenernos en la profundidad y en la dimensión de un concepto, del que frecuentemente nos priva nuestro lenguaje contemporáneo, aun cuando sea muy preciso.

Capítulo XXI
PATERNIDAD Y MATERNIDAD[1]

1. En la meditación precedente sometimos a análisis la frase de *Gen* 4, 1 y, en particular, el término «conoció», utilizando en el texto original para definir la unión conyugal. También pusimos de relieve que este «conocimiento» bíblico establece una especie de arquetipo[2] personal

---

[1] Audiencia general 12-III-1980.

[2] En cuanto a los arquetipos, C. G. Jung los describe como formas *a priori* de varias funciones del alma: percepción de relación, fantasía creativa. Las formas se llenan de contenido con materiales de la experiencia (véase, sobre todo, *Die psychologischen Aspekte des Mutterarchetypus*: «Eranos» 6 [1938], pp. 405-409).

Según esta concepción, se puede encontrar un arquetipo en la mutua relación varón-mujer, relación que se basa en la realización binaria y complementaria del ser humano en dos sexos. El arquetipo se llenará de contenido mediante la experiencia individual y colectiva, y puede poner en movimiento a la fantasía creadora de imágenes. Sería necesario precisar que el arquetipo: a) no se limita ni se exalta en la relación física, sino que incluye la relación del «conocer»; b) está cargado de tendencia deseo-temor, don-posesión; c) el arquetipo, como proto-imagen (*Urbild*) es generador de imágenes (*Bilder*).

El tercer aspecto nos permite pasar a la hermenéutica, en concreto a la de textos de la Escritura y de la Tradición. El lenguaje religioso primario es simbólico (cfr W. STÄHLIN, *Symbolon* [1958]; I. MACQUARRIE, *God Talk* [1968]; T. FAWCETT, *The Symbolic Language of Religion* [1970]). Entre los símbolos, él prefiere algunos radicales o ejemplares, que podríamos llamar arquetipales. Ahora bien: entre los de la Biblia usa el de la relación conyugal, concretamente al nivel del «conocer» descrito. Uno de los primeros poemas bíblicos que aplica el arquetipo conyugal a las relaciones de Dios con su Pueblo culmina en el verbo comentado: «Conocerás al Señor» (*Os* 2, 22: *w' yada' ta'et Yhwh*; atenuado en «Conocerá que Yo soy el Señor» *wyd' t ky 'ny Yhwh*: *Is* 49, 23; 60, 16; *Ez* 16, 62, que son los tres poemas conyugales). De aquí parte

143

de la corporeidad y sexualidad humana. Esto parece absolutamente fundamental para comprender al hombre, que desde el «principio» busca el significado del propio cuerpo. Este significado está en la base de la misma teología del cuerpo. El término «conoció»-«se unió» (*Gen* 4, 1-2) sintetiza toda la densidad del texto bíblico analizado hasta ahora. El «hombre» que, según *Gen* 4, 1, «conoce» por vez primera a la mujer, su mujer, en el acto de la unión conyugal, es en efecto el mismo que, al poner nombre, es decir, «al conocer» también, se ha «diferenciado» de todo el mundo de los seres vivientes o *animalia*, afirmándose a sí mismo como persona y sujeto. El «conocimiento» de que habla *Gen* 4, 1 no lo aleja ni puede alejarlo del nivel de ese primordial y fundamental auto-conocimiento. Por tanto –diga lo que diga sobre esto una mentalidad unilateralmente «naturalista»–, en *Gen* 4, 1 no puede tratarse de una aceptación pasiva de la propia determinación por parte del cuerpo y del sexo, precisamente porque se trata de «conocimiento».

Es, en cambio, *un descubrimiento ulterior del significa-*

---

una tradición literaria, que culminará en la aplicación paulina de *Ef* 5 a Cristo y a la Iglesia; luego pasará a la tradición patrística y a la de los grandes místicos (por ejemplo, *Llama de amor viva*, de San Juan de la Cruz).

En el tratado *Grundzüge der Literatur -und Sprachwissenschaft*, vol. I (Munich 1976), 4ª ed., p. 462, se definen así los arquetipos: «Imágenes y motivos arcaicos que, según Jung, forman el contenido del inconsciente colectivo común a todos los hombres; presentan símbolos, que en todos los tiempos y en todos los pueblos hacen vivo de manera imaginaria lo que para la humanidad es decisivo en cuanto a ideas, representaciones e instintos».

Freud, a lo que parece, no utiliza el concepto de arquetipo. Establece un símbolo o código de correspondencias fijas entre imágenes presentes-patentes y pensamientos latentes. El sentido de los símbolos es fijo, aun cuando no único; pueden ser reducibles a un pensamiento último, irreductible a su vez, que suele ser alguna experiencia de la infancia. Éstos son primarios y de carácter sexual (pero no los llama arquetipos). Véase T. TODOROV, *Théories du symbol* (Paris 1977), p. 317 ss; además, J. JACOBY, *Komplex, Archetyp, Symbol in der Psychologie C.G. Jung* (Zurich 1957).

do del propio cuerpo, descubrimiento común y recíproco, así como común y recíproca es desde el principio la existencia del hombre a quien «Dios creó varón y mujer». El conocimiento, que estaba en la base de la soledad originaria del hombre, está ahora en la base de esta unidad del varón y de la mujer, cuya perspectiva clara ha sido puesta por el Creador en el misterio mismo de la creación (cfr *Gen* 1, 27; 2, 23). En este «conocimiento» el varón confirma el significado del nombre «Eva», dado a su mujer, «por ser la madre de todos los vivientes» *(Gen* 3, 20).

2. Según *Gen* 4, 1, aquel que conoce es el varón, y la que es conocida es la mujer-esposa, como si la determinación específica de la mujer, a través del propio cuerpo y sexo, escondiese lo que constituye la profundidad misma de su feminidad. En cambio, el varón fue el primero que –después del pecado– sintió la vergüenza de su desnudez y el primero que dijo: «He tenido miedo, porque estaba desnudo, y me escondí» *(Gen* 3, 10). Será necesario volver todavía por separado al estado de ánimo de ambos después de perder la inocencia originaria. Pero ya desde ahora es necesario constatar que en el «conocimiento», de que habla *Gen* 4, 1, *el misterio de la feminidad se manifiesta y se revela hasta el fondo mediante la maternidad, como dice el texto: «la cual concibió y parió».* La mujer está ante el varón como madre, sujeto de la nueva vida humana que se concibe y se desarrolla en ella, y de ella nace al mundo. Así se revela también hasta el fondo el misterio de la masculinidad del varón, es decir, el significado generador y «paterno» de su cuerpo[3].

---

[3] La paternidad es uno de los aspectos de la humanidad más puestos de relieve en la Sagrada Escritura.

El texto de *Gen* 5, 3: «Adán... engendró un hijo *a su imagen y semejanza»*, se une explícitamente al relato de la creación del hombre *(Gen* 1, 27; 5, 1) y parece atribuir al padre terrestre la participación en la obra divina de transmitir la vida, y quizá también en esa alegría presente en la afirmación: «y vio Dios ser muy bueno cuanto había hecho» *(Gen* 1, 31).

3. La teología del cuerpo contenida en el libro del *Génesis* es concisa y parca en palabras. Al mismo tiempo, encuentran allí expresión contenidos fundamentales, en cierto sentido primarios y definitivos. Se encuentran todos a su modo en ese «conocimiento» bíblico. La constitución de la mujer es diferente respecto al varón; más aún, hoy sabemos que es diferente hasta en sus determinantes biofisiológicas más profundas. Se manifiesta exteriormente sólo en cierta medida, en la estructura y en la forma de su cuerpo. La maternidad manifiesta esta constitución interiormente, como particular potencialidad del organismo femenino, que con peculiaridad creadora sirve a la concepción y a la generación del ser humano con el concurso del varón. El «conocimiento» condiciona la generación.

La generación es una perspectiva que varón y mujer insertan en su recíproco «conocimiento». Por lo cual éste sobrepasa los límites de sujeto-objeto, cual varón y mujer parecen ser mutuamente, dado que el «conocimiento» indica, por una parte, a aquél que «conoce», y por otra, a la que «es conocida» (o viceversa). En este «conocimiento» se encierra también la consumación del matrimonio, el específico *consummatum*; así se obtiene el logro de la «objetividad» del cuerpo, escondida en las potencialidades somáticas del varón y de la mujer, y a la vez el logro de la objetividad del varón, que «es» este cuerpo. Mediante el cuerpo, la persona humana es «marido» y «mujer»; simultáneamente, en este particular acto de «conocimiento», realizado por la feminidad y masculinidad personales, parece alcanzarse también el descubrimiento de la «pura» subjetividad del don: es decir, la mutua realización de sí en el don.

4. Ciertamente, la procreación hace que «el varón y la

mujer (su esposa)» *se conozcan recíprocamente en el «tercero», que trae origen de los dos.* Por eso, ese «conocimiento» se convierte en un descubrimiento; a su manera, en una revelación del nuevo hombre, en el que ambos, varón y mujer, se reconocen también a sí mismos, su humanidad, su imagen viva. En todo esto que está determinado por ambos a través del cuerpo y del sexo, el «conocimiento» inscribe un contenido vivo y real. Por tanto, el «conocimiento» en sentido bíblico significa que la determinación «biológica» del hombre, por parte de su cuerpo y sexo, deja de ser algo pasivo y alcanza un nivel y un contenido específicos para las personas autoconscientes y autodeterminantes; comporta, pues, una conciencia particular del significado del cuerpo humano, vinculada a la paternidad y a la maternidad.

5. Toda la constitución exterior del cuerpo de la mujer, su aspecto particular, las cualidades que con la fuerza de un atractivo perenne están al comienzo del «conocimiento», de que habla *Gen* 4, 1-2 («Adán se unió a Eva, su mujer»), *están en unión estrecha con la maternidad.* La Biblia (y después la liturgia) con la sencillez que le es característica, honra y alaba a lo largo de los siglos «el seno que te llevó y los pechos que te amamantaron» (*Lc* 11, 27). Estas palabras constituyen un elogio de la maternidad, de la feminidad, del cuerpo femenino en su expresión típica del amor creador. Y son palabras que en el Evangelio se refieren a la Madre de Cristo, María, segunda Eva. En cambio, la primera mujer, en el momento en que se reveló por primera vez la madurez materna de su cuerpo, cuando «concibio y parió», dijo: «He alcanzado de Yahveh un varón» (*Gen* 4, 1).

6. Estas palabras expresan toda la profundidad teológica de la función de generar-procrear. El cuerpo de la

mujer se convierte en el lugar de la concepción del nuevo hombre[4]. En su seno, el hombre concebido toma su propio aspecto humano antes de venir al mundo. La homogeneidad somática del varón y de la mujer, que encontró su expresión primera en las palabras: «Es carne de mi carne y hueso de mis huesos» (*Gen* 2, 23), está confirmada a su vez por las palabras de la primera mujer-madre: «He alcanzado un varón». La primera mujer parturiente *tiene plena conciencia de misterio de la creación, que se renueva en la generación humana.* Tiene también plena conciencia de la participación creadora que tiene Dios en la generación humana, obra de ella y de su marido, puesto que dice: «He alcanzado de Yahveh un varón».

No puede haber confusión alguna entre las esferas de acción de las causas. Los primeros padres transmiten a todos los padres humanos –también después del pecado, juntamente con el fruto del árbol de la ciencia del bien y del mal y como en el umbral de todas las experiencias «históricas»– la verdad fundamental acerca del nacimien-

---

[4] Según el texto de *Gen* 1, 26, la «llamada» a la existencia es al mismo tiempo transmisión de la imagen y semejanza divina. El hombre debe proceder a transmitir esta imagen, continuando así la obra de Dios. El relato de la generación de Set subraya este aspecto: «Adán tenía ciento treinta años cuando engendró un hijo a su imagen y semejanza» (*Gen* 5, 3).

Dado que Adán y Eva eran imagen de Dios, Set hereda de sus padres esta semejanza para transmitirla a los otros.

Pero en la Sagrada Escritura toda vocación está unida a una misión; la llamada, pues, a la existencia es ya predestinación a la obra de Dios:

«Antes que te formara en el vientre te conocí, antes de que tú salieses del seno materno te consagré» (*Jer* 1, 5; cfr también 15. 44, 49, 1; 1. 5).

Dios es Aquel que no sólo llama a la existencia, sino que sostiene y desarrolla la vida desde el primer momento de la concepción:

«Tú eres quien me sacó del vientre, me tenías confiado en el pecho de mi madre; desde el seno pasé a tus manos, desde el vientre materno Tú eres mi Dios» (*Sal* 22, 10-11; cfr *Sal* 139, 13-15).

La atención del autor bíblico se centra en el hecho mismo del don de la vida. El interés por el modo en que esto sucede es más bien secundario y sólo aparece en los libros posteriores (cfr *Job* 10, 8. 11; *2 Mac* 7, 22-23; *Sab* 7, 1-3).

to del hombre a imagen de Dios, según las leyes naturales. En este nuevo hombre –nacido de la mujer-madre por obra del varón-padre– se reproduce cada vez la misma «imagen de Dios», de ese Dios que ha constituido la humanidad del primer hombre: «Creó Dios al hombre a imagen suya..., varón y mujer los creó» (*Gen* 1, 27).

7. Aunque existen profundas diferencias entre el estado de inocencia originaria y el estado pecaminoso heredero del hombre, esa *«imagen de Dios» constituye una base de continuidad y de unidad*. El «conocimiento» de que habla *Gen* 4, 1 es *el acto* que origina el ser, o sea, *en unión con el Creador establece un nuevo hombre en su existencia*. El primer hombre, en su soledad trascendental, tomó posesión del mundo visible, creado para él, conociendo e imponiendo nombre a los seres vivientes (*animalia*). El mismo «hombre», como varón y mujer, al conocerse recíprocamente en esta específica comunidad-comunión de personas, en la que el varón y la mujer se unen tan estrechamente entre sí que se convierten en «una sola carne», constituye la humanidad, es decir, confirma y renueva la existencia del hombre como imagen de Dios. Cada vez ambos, varón y mujer, renuevan, por decirlo así, esta imagen del misterio de la creación y la transmiten «con la ayuda de Dios-Yahveh». Las palabras del libro del *Génesis*, que son un testimonio del primer nacimiento del hombre sobre la tierra, encierran en sí, al mismo tiempo, todo lo que se puede y se debe decir de la dignidad de la generación humana.

Capítulo XXII
LA FECUNDIDAD[1]

1. Está llegando a su fin el ciclo de reflexiones con que hemos tratado de seguir la llamada de Cristo, que nos transmiten Mateo (19, 3-9) y Marcos (10, 1-12): «¿No habéis leído que al principio el Creador los hizo varón y mujer? Y dijo: Por esto dejará el hombre al padre y a la madre, y se unirá a la mujer, y serán los dos una sola carne» (*Mt* 19, 4-5). La unión conyugal, en el libro del *Génesis*, se define como «conocimiento»: «Conoció el varón a su mujer, que concibió y parió diciendo: He alcanzado de Yahveh un varón» (*Gen* 4, 1). Hemos intentado ya, en nuestras meditaciones precedentes, hacer luz sobre el contenido de ese «conocimiento» bíblico. Con él, el hombre, varón-mujer, no sólo da el propio nombre, como hizo al imponer el nombre a los otros seres vivientes (*animalia*), tomando así posesión de ellos, sino que «conoce» en el sentido de *Gen* 4, 1 (y de otros pasajes de la Biblia); esto es, *realiza* lo que la palabra «hombre» expresa: realiza la humanidad en el nuevo hombre engendrado. En cierto sentido, pues, se realiza a sí mismo, es decir, al hombre-persona.

2. *De este modo se cierra el ciclo bíblico de «conocimiento-generación»*. Este ciclo del «conocimiento» está

---
[1] Audiencia general, 26-III-1980.

constituido por la unión de las personas en el amor, que les permite unirse tan estrechamente entre sí, que se convierten en una sola carne. El libro del *Génesis* nos revela plenamente la verdad de este ciclo. El hombre, varón y mujer, que, mediante el «conocimiento» del que habla la Biblia, concibe y engendra un ser nuevo, semejante a él, que puede llamar «hombre» («he alcanzado un hombre») *toma*, por decirlo así, *posesión de la misma humanidad*, o mejor, la vuelve a tomar en posesión. Sin embargo, esto sucede de modo diverso de como había tomado posesión de todos los otros seres vivientes (*animalia*), cuando les había impuesto el nombre. Efectivamente, entonces él se había convertido en su señor, había comenzado a realizar el contenido del mandato del Creador: «Someted la tierra y dominadla» (cfr *Gen* 1, 28).

3. En cambio, la primera parte de este mandato: «Procread y multiplicaos, y henchid la tierra» (*Gen* 1, 28), encierra otro contenido e indica otro componente. El varón y la mujer, en este «conocimiento», con el que dan comienzo a un ser semejante a ellos, del que pueden decir juntos que «es carne de mi carne y hueso de mis huesos» (*Gen* 2, 24), son como «arrebatados» juntos, *juntamente tomados ambos en posesión por la humanidad*, que ellos, en la unión y en el «conocimiento» recíproco, quieren expresar de nuevo, tomar posesión de nuevo, recabándola de sí mismos, de la propia humanidad, de la admirable madurez masculina y femenina de sus cuerpos y, finalmente –a través de toda la serie de concepciones y generaciones humanas desde el principio–, del misterio mismo de la creación.

4. *En este sentido se puede explicar el «conocimiento» bíblico como «posesión».* ¿Es posible ver en él algún equivalente bíblico del *eros*? Se trata aquí de dos ámbitos del concepto, de dos lenguajes: bíblico y platónico; sólo con

gran cautela se pueden interpretar el uno con el otro[2]. En cambio, parece que en la revelación originaria no está presente la idea de la posesión de la mujer como de un objeto por parte del varón, o viceversa. Pero, por otra parte, es sabido que, a causa del estado pecaminoso contraído después del pecado original, varón y mujer deben reconstruir con fatiga el significado del recíproco don desinteresado. Éste será el tema de nuestros análisis ulteriores.

5. La revelación del cuerpo, contenida en el libro del *Génesis*, particularmente en el capítulo tercero, demuestra con evidencia impresionante que el ciclo del «conocimiento-generación», tan profundamente arraigado en la

---

[2] Según Platón el *eros* es el amor sediento de la Belleza trascendente y expresa la insaciabilidad que tiende a su objeto eterno; él, pues, eleva siempre lo que es humano hacia lo divino, que es lo único en condición de saciar la nostalgia del alma prisionera en la materia, es un amor que no retrocede ante el más grande esfuerzo, para alcanzar el éxtasis de la unión; por tanto, es un amor egocéntrico, es ansia, aunque dirigida hacia valores sublimes (cfr A. NYGREN, *Erôs et Agape* [París 1951], vol. II, pp. 9-10).
A lo largo de los siglos, a través de muchas transformaciones, el significado del eros ha sido rebajado a las connotaciones meramente sexuales. Es característico a este propósito el texto del P. Chauchard, que parece incluso negar al eros las características del amor humano: «La célébralisation de la sexualité ne réside pas dans les trucs techniques ennuyeux, mais dans la pleine reconnaissance de sa spiritualité, du fair que'Eros n'est humain qu'animé par Agapé e qu'Agapé exige l'incarnation dans Eros» (P. CHAUCHARD, *Vices des vertus, vertus des vices* [Paris 1963], p. 147).
La comparación del «conocimiento» bíblico con el *eros* platónico revela la divergencia de estas dos concepciones. La concepción platónica se basa en la nostalgia de la Belleza trascendente y en la huida de la materia; la concepción bíblica, en cambio, se dirige hacia la realidad concreta, y le resulta ajeno el dualismo del espíritu y de la materia como también la específica hostilidad hacia la materia («Y vio Dios que era bueno»: *Gen* 1, 10. 12. 18. 21. 25).
Así como el concepto *platónico de eros* sobrepasa el alcance bíblico del «conocimiento» humano, el concepto *contemporáneo parece demasiado restringido*. El «conocimiento» bíblico no se limita a satisfacer el instinto o el goce hedonista, sino que es un acto plenamente humano, dirigido conscientemente hacia la procreación, y es también la expresión del amor interpersonal (cfr *Gen* 29, 20; *1 Sam* 1, 8; *2 Sam* 12, 24).

potencialidad del cuerpo humano, fue sometido, después del pecado, a la ley del sufrimiento y de la muerte. Dios-Yahveh dice a la mujer: «Multiplicaré los trabajos de tus preñeces, parirás con dolor los hijos» (*Gen* 3, 16). *El horizonte de la muerte* se abre ante el hombre, juntamente con *la revelación del significado generador del cuerpo* en el acto del recíproco «conocimiento» de los cónyuges. Y he aquí que el primer hombre, varón, impone a su mujer el nombre de Eva, «por ser la madre de todos los vivientes» (*Gen* 3, 20), cuando ya había escuchado él las palabras de la sentencia, que determinaba toda la perspectiva de la existencia humana «desde dentro» del conocimiento del bien y del mal. Esta perspectiva es confirmada por las palabras: «Volverás a la tierra, pues de ella has sido tomado; ya que eres polvo y al polvo volverás» (*Gen* 3, 19).

El carácter radical de esta sentencia está confirmado por la evidencia de las experiencias de toda la historia terrena del hombre. El horizonte de la muerte se extiende sobre toda la perspectiva de la vida humana en la tierra, vida que está inserta en ese originario ciclo bíblico del «conocimiento-generación». El hombre que ha quebrantado la alianza con su Creador, tomando el fruto del árbol de la ciencia del bien y del mal, es separado por Dios-Yahveh del árbol de la vida: «Que no vaya a tender ahora su mano al árbol de la vida, y comiendo de él, viva para siempre» (*Gen* 3, 22). De este modo, la vida dada al hombre en el misterio de la creación no se le ha quitado, sino restringido por los límites de las concepciones, nacimientos y muerte, y además se le ha agravado por la perspectiva del estado pecaminoso hereditario; pero, en cierto sentido, se le da de nuevo como tarea en el mismo ciclo siempre repetido. La frase «Adán se unió («conoció») a Eva, su mujer, que concibió y parió» (*Gen* 4, 1), es como un sello impreso en la revelación originaria del cuerpo al «principio» mismo de la historia del hombre sobre la tierra. Esta historia se forma siempre de nuevo en su dimensión más fundamental casi desde el «principio» mediante el mismo «conocimiento-generación» de que habla el libro del *Génesis*.

6. Y así cada hombre lleva en sí el misterio de su «principio» íntimamente unido al conocimiento del significado generador del cuerpo. *Gen* 4, 1-2 parece silenciar el tema de la relación que media entre el significado generador y el significado esponsalicio del cuerpo. Quizá no es todavía tiempo ni lugar para aclarar esta relación, aun cuando esto parece indispensable en análisis ulteriores. Será necesario, pues, hacer nuevamente las preguntas vinculadas a la aparición de la vergüenza en el hombre, vergüenza de su masculinidad y de su feminidad, antes no experimentada. Sin embargo, en este momento pasa a segundo plano. En cambio, permanece en primer plano el hecho de que «Adán se unió («conoció») a Eva, su mujer que concibió y parió». *Éste es precisamente el umbral de la historia* del hombre. Es su «principio» en la tierra. *El hombre, como varón y mujer, está en este umbral con la conciencia del significado generador del propio cuerpo: la masculinidad encierra en sí el significado de la paternidad, y la feminidad, el de la maternidad.* En nombre de este significado, Cristo dará un día su respuesta categórica a la pregunta que le hicieron los fariseos (cfr *Mt* 19; *Mc* 10). Nosotros, en cambio, penetrando en el contenido sencillo de esta respuesta, tratamos de aclarar el contexto de ese «principio» al que se refirió Cristo. En él hunde sus raíces la teología del cuerpo.

7. La conciencia del significado del cuerpo y la conciencia de su significado generador están relacionadas, en el hombre, con la conciencia de la muerte, cuyo inevitable horizonte llevan consigo, por así decirlo. Sin embargo, siempre retoma en la historia del hombre el ciclo «conocimiento-generación», en el que la vida lucha,

siempre de nuevo, con la inexorable perspectiva de la muerte, y la supera siempre. *Es como si la razón de esta inflexibilidad de la vida, que se manifiesta en la «generación» fuese siempre el mismo «conocimiento»* con que el hombre supera la soledad del propio ser y, más aún, se decide de nuevo a afirmar este ser en «otro». Y ambos, varón y mujer, lo afirman en el nuevo hombre engendrado. En esta afirmación, el «conocimiento» bíblico parece adquirir una dimensión todavía mayor. Esto es, parece insertarse en esa «visión» de Dios mismo, con la que termina el primer relato de la creación del hombre sobre el «varón» y la «mujer» hechos «a imagen de Dios»: «Vio Dios ser muy bueno cuanto había hecho» (*Gen* 1, 31). El hombre, a pesar de todas las experiencias de la propia vida, a pesar de los sufrimientos, de las desilusiones de sí mismo, de su estado pecaminoso, y al pesar, finalmente, de la perspectiva inevitable de la muerte, pone siempre de nuevo, sin embargo, el «conocimiento» al «comienzo» de la «generación»; él así parece participar en esa primera «visión» de Dios mismo: Dios Creador «vio..., y he aquí que era todo muy bueno». Y, siempre de nuevo, confirma la verdad de estas palabras.

Capítulo XXIII
TEOLOGÍA DEL CUERPO[1]

Reanudemos ahora el desarrollo del tema que nos ocupa ya desde hace algún tiempo.

1. El Evangelio según Mateo y según Marcos nos refiere la respuesta que Cristo dio a los fariseos cuando le preguntaron acerca de la indisolubilidad del matrimonio, remitiéndose a la ley de Moisés, que admitía, en ciertos casos, la práctica del llamado libelo de repudio. Recordándoles los primeros capítulos del libro del *Génesis*, Cristo respondió: «¿No habéis leído que al principio el Creador los hizo varón y mujer? Y dijo: Por esto dejará el hombre al padre y a la madre, y se unirá a la mujer, y serán los dos una sola carne. De manera que ya no son dos, sino una sola carne. Por tanto, lo que Dios unió no lo separe el hombre». Luego, refiriéndose a su pregunta sobre la ley de Moisés, Cristo añadió: «Por la dureza de vuestro corazón os permitió Moisés repudiar a vuestras mujeres, pero al principio no fue así» (*Mt* 19, 3 ss; *Mc* 12, 2 ss). En su respuesta Cristo se remitió dos veces al «principio» y, por esto, también nosotros, en el curso de nuestros análisis, hemos tratado de esclarecer del modo más profundo posible el significado de este «principio», que es la primera herencia de cada uno de los seres hu-

---

[1] Audiencia general, 2-IV-1980.

manos en el mundo, varón y mujer, el primer testimonio de la identidad humana según la palabra revelada, la primera fuente de la certeza de su vocación como persona creada a imagen de Dios mismo.

2. La respuesta de Cristo tiene un significado histórico, pero no solo histórico. Los hombres de todos los tiempos plantean la pregunta sobre el mismo tema. También lo hacen nuestros contemporáneos, los cuales, sin embargo, en sus preguntas no se remiten a la ley de Moisés, que admitía el libelo de repudio, sino a otras circunstancias y a otras leyes. Estas preguntas suyas están cargadas de problemas desconocidos a los interlocutores contemporáneos de Cristo. Sabemos qué preguntas concernientes al matrimonio y a la familia han hecho al último Concilio, al Papa Pablo VI, y se formulan continuamente en el período postconciliar, día tras día, en las más diversas circunstancias. Las hacen muchas personas, esposos, novios, jóvenes, pero también escritores, publicistas, políticos, economistas, demógrafos, en una palabra: la cultura y la civilización contemporáneas.

Pienso que entre las respuestas que Cristo daría *a los hombres de nuestro tiempo* y a sus preguntas, frecuentemente tan impacientes, *todavía sería fundamental* la que dio a los fariseos. Al contestar a sus preguntas, Cristo *se remitiría ante todo al «principio»*. Lo haría quizá de modo tanto más decisivo y esencial cuanto que la situación interior y a la vez cultural del hombre de hoy parece alejarse de ese «principio» y asumir formas y dimensiones que divergen de la imagen bíblica del «principio» en puntos evidentemente cada vez más distantes.

Sin embargo, Cristo no quedaría «sorprendido» por ninguna de estas situaciones, y supongo que continuaría haciendo referencia sobre todo al «principio».

3. Por esto la respuesta de Cristo exigía un análisis

particularmente profundo. En efecto, esa respuesta evoca verdades fundamentales y elementales sobre el ser humano, como varón y mujer. Es la respuesta a través de la cual entrevemos la estructura misma de la identidad humana en las dimensiones del misterio de la creación y, al mismo tiempo, en la perspectiva del misterio de la redención. Sin esto, no hay modo de construir una antropología teológica y, en su contexto, una «teología del cuerpo», de la que traiga origen también la visión plenamente cristiana del matrimonio y de la familia. Lo puso de relieve Pablo VI cuando en su Encíclica dedicada a los problemas del matrimonio y de la procreación, en su significado humana y cristianamente responsable, hizo referencia a la «visión integral del hombre» (*Humanae vitae*, 7). Se puede decir que, en la respuesta a los fariseos, Cristo presentó a los interlocutores también esta «visión integral del hombre», sin la cual no se puede dar respuesta alguna adecuada a las preguntas relacionadas con el matrimonio y la procreación. Precisamente esta visión integral del hombre debe ser construida según el «principio».

Esto es igualmente válido para la mentalidad contemporánea, tal como lo era, aun cuando de modo diverso, para los interlocutores de Cristo. Efectivamente, somos hijos de una época en la que, por el desarrollo de varias disciplinas, esta visión integral del hombre puede ser fácilmente rechazada y sustituida por múltiples *concepciones parciales* que, deteniéndose sobre uno u otro aspecto del *compositum humanum*, no alcanzan al *integrum* del hombre, o lo dejan fuera del propio campo visivo. Se insertan luego diversas tendencias culturales que –según estas verdades parciales– formulan sus propuestas e indicaciones prácticas sobre el comportamiento humano y, aún más frecuentemente, sobre cómo *comportarse con el* «*hombre*». El hombre se convierte, pues, más en un objeto de determinadas técnicas que en el sujeto responsable de la propia acción. La respuesta que Cristo dio a los fariseos exige también que el hombre, varón y mujer, sea este sujeto, es decir, un sujeto que decida sobre sus propias acciones a la luz de la verdad integral sobre sí mismo, en cuanto verdad originaria, o sea, fundamento de las experiencias auténticamente humanas. Ésta es la verdad que Cristo nos hace buscar en el «principio». Por eso nos dirigimos a los primeros capítulos del *Génesis*.

4. El estudio de estos capítulos, acaso más que de otros, nos hace conscientes del significado y de la necesidad de la «teología del cuerpo». El «principio» nos dice relativamente poco sobre el cuerpo humano, en el sentido naturalista y contemporáneo de la palabra. Desde este punto de vista, en el estudio presente nos encontramos a un nivel del todo precientífico. No sabemos casi nada sobre las estructuras interiores y sobre las regulaciones que reinan en el organismo humano. Sin embargo, al mismo tiempo –quizá a causa de la antigüedad del texto–, la verdad importante para la visión integral del hombre se revela de modo más sencillo y pleno. Esta verdad *se refiere al significado del cuerpo humano en la estructura del sujeto personal*. Sucesivamente, la reflexión sobre esos textos arcaicos nos permite extender este significado a toda la esfera de la intersubjetividad humana, especialmente en la perenne relación varón-mujer. Gracias a esto adquirimos según esta relación, una óptica que debemos poner necesariamente en la base de toda la ciencia contemporánea acerca de la sexualidad humana, en sentido biofisiológico. Esto no quiere decir que debamos renunciar a esta ciencia o privarnos de sus resultados. Al contrario: si éstos deben servir para enseñarnos algo sobre la educación del hombre, en su masculinidad y feminidad, y acerca de la esfera del matrimonio y de la procreación, es necesario –a través de todos y cada uno de los elementos de la ciencia contemporánea– llegar siempre a lo que es fun-

damental y esencialmente personal, tanto en cada individuo, varón o mujer, cuanto en sus relaciones recíprocas.

Y precisamente en este punto es donde la reflexión sobre el texto arcaico del *Génesis* se manifiesta insustituible. Constituye realmente el «principio» de la teología del cuerpo. El hecho de que *la teología comprenda también al cuerpo* no debe maravillar ni sorprender a nadie que sea consciente del misterio y de la realidad de la Encarnación. Por el hecho de que el Verbo de Dios se ha hecho carne, el cuerpo ha entrado, diría, por la puerta principal en la teología, esto es, en la ciencia que tiene como objeto la divinidad. La Encarnación –y la Redención que brota de ella– se ha convertido también en la fuente definitiva de la sacramentalidad del matrimonio, del que trataremos más ampliamente a su debido tiempo.

5. Las preguntas que se plantean al hombre contemporáneo son también preguntas de los cristianos: de aquellos que se preparan para el sacramento del matrimonio o de aquellos que ya viven en el matrimonio, que es el sacramento de la Iglesia. Éstas no son sólo las preguntas de las ciencias, sino, y aún más, las preguntas de la vida humana. Muchos hombres y muchos cristianos buscan en el matrimonio la realización de su vocación. Muchos quieren encontrar en él el camino de la *salvación* y de la *santidad.*

Para ellos es particularmente importante la respuesta que Cristo dio a los fariseos, celadores del Antiguo Testamento. Los que buscan la realización de la propia vocación humana y cristiana en el matrimonio, ante todo están llamados a hacer de esta «teología del cuerpo», cuyo «principio» encuentran en los primeros capítulos del *Génesis,* el contenido de su vida y de su comportamiento. Efectivamente, ¡cuán indispensable es, en el camino de esta vocación, la conciencia profunda del significado del cuerpo, en su masculinidad y feminidad!, ¡cuán necesaria es una conciencia precisa del significado esponsalicio del cuerpo, de su significado generador, dado que todo esto, que forma el contenido de la vida de los esposos, debe encontrar constantemente su dimensión plena y personal en la convivencia, en el comportamiento, en los sentimientos! Y esto tanto más en el trasfondo de una civilización que está bajo la presión de un modo de pensar y valorar materialista y utilitario. La biofisiología contemporánea puede suministrar muchas informaciones precisas sobre la sexualidad humana. Sin embargo, el conocimiento de la dignidad personal del cuerpo humano y del sexo se saca también de otras fuentes. Una fuente particular es la Palabra de Dios mismo, que contiene la revelación del cuerpo, ésa que se remonta al «principio».

¡Qué significativo es que Cristo, en la respuesta a todas estas preguntas, mande al hombre volver, en cierto modo, al umbral de su historia teológica! Le ordena ponerse en el límite entre la inocencia-felicidad originaria y la herencia de la primera caída. ¿Acaso no le quiere decir, de este modo, que el camino por el que Él conduce al hombre, varón-mujer, en el sacramento del matrimonio, esto es, el camino de la «redención del cuerpo», debe consistir en *recuperar esta dignidad* en la que se realiza simultáneamente el auténtico significado del cuerpo humano, su significado personal y «de comunión»?

6. Por ahora terminamos la primera parte de nuestras meditaciones dedicadas a este tema tan importante. Para dar una respuesta más exhaustiva a nuestras preguntas, tal vez apremiantes, sobre el matrimonio –o todavía más exactamente: sobre el significado del cuerpo–, no podemos detenernos solamente en lo que Cristo respondió a los fariseos, haciendo referencia al «principio» (cfr *Mt* 19, 3 ss.; *Mc* 10, 2 ss.). También debemos tomar en consideración todas las demás enunciaciones, entre las cuales destacan especialmente dos, de carácter particularmente

sintético: la primera, la del Sermón de la Montaña, a propósito de las posibilidades del corazón humano respecto a la concupiscencia del cuerpo (cfr *Mt* 5, 8), y la segunda, aquélla en que Jesús se refiere a la resurrección futura (cfr *Mt* 22, 24-30; *Mc* 12, 18-27; *Lc* 20, 27-36).

Estas dos enunciaciones serán objeto de nuestras sucesivas reflexiones[2].

---

[2] Cfr JUAN PABLO II, *El celibato apostólico. Catequesis sobre la resurrección de la carne y la virginidad cristiana.* Ediciones Palabra. Madrid 1995.

ÍNDICE

NOTA DEL EDITOR 7

PRÓLOGO de Blanca Castilla de Cortázar 9

Capítulo I
SIGNIFICADO DE LA PALABRA «PRINCIPIO» 25

Capítulo II
EL PRIMER RELATO DE LA CREACIÓN 29

Capítulo III
EL SEGUNDO RELATO DE LA CREACIÓN 35

Capítulo IV
PERSPECTIVA DE LA REDENCIÓN DEL CUERPO ... 41

Capítulo V
LA SOLEDAD ORIGINARIA 47

Capítulo VI
EL CUERPO HUMANO, CUERPO PERSONAL 53

Capítulo VII
MUERTE E INMORTALIDAD 57

Capítulo VIII
EL SUEÑO DE ADÁN 63

ÍNDICE

Capítulo IX
UNIDAD Y DUALIDAD ORIGINARIAS. LA COMU-
NIÓN COMO «IMAGEN DE DIOS» 71

Capítulo X
MASCULINIDAD Y FEMINIDAD. EL SEXO, «CONS-
TITUTIVO DE LA PERSONA» 77

Capítulo XI
LA DESNUDEZ ORIGINARIA 83

Capítulo XII
EL SIGNIFICADO DEL CUERPO 89

Capítulo XIII
EL CUERPO, «IMAGEN DE DIOS». LA CREACIÓN
COMO DONACIÓN 95

Capítulo XIV
MASCULINIDAD Y FEMINIDAD. EXPRESIÓN DE
LA COMUNIÓN DE PERSONAS 101

Capítulo XV
EL SIGNIFICADO «ESPONSALICIO» DEL CUERPO . 107

Capítulo XVI
LA INOCENCIA ORIGINARIA 113

Capítulo XVII
RECÍPROCA «ACEPTACIÓN» DEL OTRO 119

Capítulo XVIII
EL «ETHOS» DEL CUERPO 125

Capítulo XIX
EL CUERPO COMO «SACRAMENTO» MEDIANTE
SU MASCULINIDAD Y FEMINIDAD 131

Capítulo XX
EL «CONOCIMIENTO» DE LAS PERSONAS EN LA
«UNA CARO» 137

ÍNDICE

Capítulo XXI
PATERNIDAD Y MATERNIDAD 143

Capítulo XXII
LA FECUNDIDAD 151

Capítulo XXIII
TEOLOGÍA DEL CUERPO 157

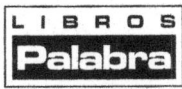

TEOLOGÍA DEL CUERPO
DE JUAN PABLO II

I. VARÓN Y MUJER
Teología del cuerpo I
Prólogo de Blanca CASTILLA CORTÁZAR
12ª edición

II. LA REDENCIÓN DEL CORAZÓN
Antropología de la castidad
Teología del cuerpo II
Prólogo de José Luis ILLANES
6ª edición

III. EL CELIBATO APOSTÓLICO
Y la resurrección de la carne
Teología del cuerpo III
Prólogo de Juan José ESPINOSA
5ª edición

IV. MATRIMONIO, AMOR Y FECUNDIDAD
Teología del cuerpo IV
Prólogo de Antonio MIRALLES
5ª edición

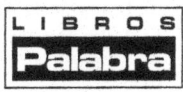

*Colección dirigida especialmente a quienes se interesan
por las cuestiones de fondo de la Iglesia*

1. **PASTORES PARA UNA NUEVA EVANGELIZACIÓN.** *Ejercicios espirituales a la Conferencia Episcopal Española*, de Mons. Darío CASTRILLÓN HOYOS. Prólogo del Card. Ángel SUQUÍA.

2. **EL DON DE LA VIDA.** *Introducción y comentarios a la Instrucción de la Congregación para la Doctrina de la Fe sobre el respeto de la vida humana naciente y la dignidad de la procreación*, del Card. Joseph RATZINGER, M. SCHOOYANS, A. RODRÍGUEZ LUÑO, B. KIELY, D. TETTAMANZI, A. CHAPELLE, E. SGRECCIA y G. MEMETEAU. Presentación de Mons. A. BOVONE. Prólogo del Card. Narcís JUBANY (5ª edición).

3. **EL MISTERIO DEL HIJO DE DIOS.** *Introducción y comentarios a la Declaración de la Congregación para la Doctrina de la Fe para salvaguardia de la fe en torno a algunos errores recientes sobre los misterios de la Encarnación y de la Santísima Trinidad*, del Card. Joseph RATZINGER, CH. BOYER, U. BETTI y J. GALOT. Contiene, además, *La conciencia que Jesús tenía de sí mismo y de su misión*, de la Comisión Teológica Internacional, y *Cristo presente en la Iglesia*, de la Comisión Episcopal para la Doctrina de la Fe. Prólogo del Card. Antonio CAÑIZARES (4ª edición).

5. **EL DON DE LA VERDAD.** *Introducción y comentarios de la Congregación para la Doctrina de la Fe sobre la vocación eclesial del teólogo*, del Card. Joseph RATZINGER, A. BOVONE, G. COTTIER, I. DE LA POTTERIE, R. TREMBLAY, M. SECKLER, R. FISICHELLA, W. KASPER, I. BIFFI, M. SCHOOYANS, W. E. MAY, P. EYT, M. OULLET. Contiene, además, *El teólogo y su función en la Iglesia*, de la Comisión Episcopal para la Doctrina de la Fe. Prólogo de Mons. Ricardo BLÁZQUEZ (3ª edición).

8. **EL MISTERIO DE LA IGLESIA.** *Declaración de la Congregación para la Doctrina de la Fe acerca de la Iglesia para defenderla de algunos errores actuales.* Introducción y comentarios del Card. J. RATZINGER, A. BOVONE, F. OCÁRIZ Y S. NAGY. Contiene, además, la carta de la misma Congregación *sobre algunos aspectos de la Iglesia considerada como comunión*, con presentación del Card. J. RATZINGER y comentarios de S. NAGY, A. SICARI, L. BOUYER, F. OCÁRIZ, M. THURIAN Y R. LANZETTI. Prólogo de Pedro RODRÍGUEZ (3ª edición).

10. **EL CELIBATO APOSTÓLICO.** *Y la resurrección de la carne.* *Teología del cuerpo, III,* de JUAN PABLO II. Prólogo de Juan José ESPINOSA (4ª edición).

12. **VARÓN Y MUJER.** *Teología del cuerpo I,* de JUAN PABLO II. Prólogo de Blanca CASTILLA DE CORTÁZAR (7ª edición).

13. **ANTROPOLOGÍA CRISTIANA.** *Del Concilio Vaticano II a Juan Pablo II,* de Juan Luis LORDA. Prólogo de Mons. Fernando SEBASTIÁN (3ª edición actualizada).

14. **LA REDENCIÓN DEL CORAZÓN.** *Antropología de la castidad. Teología del cuerpo, II,* de JUAN PABLO II. Prólogo de José Luis ILLANES (4ª edición).

15. **CREO EN DIOS PADRE.** *Catequesis sobre el Credo (I),* de JUAN PABLO II. Prólogo del Card. Ricardo María CARLES (6ª edición).

16. **CREO EN JESUCRISTO.** *Catequesis sobre el Credo (II),* de JUAN PABLO II. Prólogo del Card. Ricardo María CARLES (6ª edición).

17. **CREO EN EL ESPÍRITU SANTO.** *Catequesis sobre el Credo (III),* de JUAN PABLO II. Prólogo del Card. Ricardo María CARLES (6ª edición).

18. **LA ATENCIÓN PASTORAL A LAS PERSONAS HOMO-SEXUALES.** *Carta de la Congregación para la Doctrina de la Fe.* Introducción y comentarios del Card. J. RATZINGER, T. BERTONE, B. HONINGS, B. KIELY, M. GILBERT, I. CARRASCO DE PAULA, G. ZUANAZZI. Prólogo de Mons. Javier SALINAS (4ª edición).

20. **EL SACRAMENTO DEL ORDEN Y LA MUJER.** *De la «Inter insigniores» a la «Ordinatio sacerdotalis»,* de la Congregación para la Doctrina de la Fe. Introducción y comentarios del Card. J. RATZINGER, T. BERTONE, H. U. VON BALTHASAR, J. BERNARDIN, I. BIFFI, J. BURGGRAF, J. CORBON, J. LITTLE, G. MARTELET, A. G. MARTIMORT, R. SPIAZZI, A. L. DESCAMPS, M. THURIAN, A. VANHOYE y A. SCOLA. Prólogo de Mons. Agustín GARCÍA GASCO (2ª edición).

21. **SACERDOTES SECULARES, HOY,** de Ramiro PELLITERO. Prólogo de Mons. Manuel UREÑA.

22. **CREO EN LA IGLESIA.** *Catequesis sobre el Credo (IV),* de JUAN PABLO II. Prólogo de Mons. Elías YANES (2ª edición).

23. **LA VIRGEN MARÍA.** *Catequesis sobre el Credo (V),* de JUAN PABLO II. Prólogo del Card. Francisco ÁLVAREZ (3ª edición).

24. **SECTAS SATÁNICAS Y FE CRISTIANA,** de A. SCOLA, G. FERRARI, A. PORCARELLI, E. FIZZOTI, L. MUSTI, M. MORONTA. Prólogo de Julián GARCÍA HERNANDO.

25. **MATRIMONIO, AMOR Y FECUNDIDAD.** *Teología del cuerpo, IV,* de JUAN PABLO II. Prólogo de Antonio MIRALLES (3ª edición).

27. **AVANZAR EN TEOLOGÍA.** *Presupuestos y horizontes del trabajo teológico,* de Juan Luis LORDA. Prólogo de Lucas F. MATEO SECO.

28. **ABRID LAS PUERTAS AL REDENTOR.** *Catequesis del año santo de la Redención,* de JUAN PABLO II. Prólogo de Mons. José DELICADO BAEZA.

30. **EL ABORTO PROVOCADO.** *Texto de la declaración de la Congregación para la Doctrina de la Fe y documentos de diversos episcopados.* Introducción del Card. J. RATZINGER. Prólogo de Mons. Juan Antonio REIG (2ª edición).

31. **SOBRE LA ATENCIÓN PASTORAL DE LOS DIVORCIADOS VUELTOS A CASAR.** *Documentos de la Congregación para la Doctrina de la Fe.* Introducción del Card. J. RATZINGER. Comentarios de D. TETTAMANZI, M. F. POMPEDDA, A. RODRÍGUEZ LUÑO, P. G. MARCUZZI y G. PELLAND. Prólogo del Card. Tarcisio BERTONE (3ª edición).

32. **CREO EN LA VIDA ETERNA.** *Catequesis sobre el Credo (VI),* de JUAN PABLO II. Prólogo del Card. Antonio María ROUCO VARELA (2ª edición).

33. **EL PRESBÍTERO ANTE EL TERCER MILENIO CRISTIANO.** *Documentos de la Congregación para el clero.* Prólogo del Card. Darío CASTRILLÓN HOYOS (2ª edición).

34. **¿QUÉ SIGNIFICA MARÍA PARA NOSOTROS, LOS CRISTIANOS?** *Reflexiones sobre el capítulo mariológico de la* Lumen gentium, de Gerhard L. MÜLLER. Prólogo del Card. Karl LEHMANN.

35. **¿DÓNDE VA EL CRISTIANISMO?,** de Bruno FORTE. Prólogo de Juan Luis LORDA.

36. **TEMAS ACTUALES DE ESCATOLOGÍA.** *Documentos de la Congregación para la Doctrina de la Fe y de la Comisión Teológica Internacional.* Introducción del Card. J. RATZINGER. Comentarios de C. SORGI, S. MAGGIOLINI, C. POZO, CH. SCHÖNBORN, W. KASPER. Prólogo del Card. Tarcisio BERTONE (2ª edición).

37. **LITURGIA FONTAL.** *Misterio-Celebración-Vida,* de Jean CORBON. Presentación del Card. Roger ETCHEGARAY. Prólogo de Félix María AROCENA (2ª edición actualizada).

38. **ALABANZA A LA TRINIDAD.** *El hombre y su encuentro con Dios.* Catequesis del Gran Jubileo, de JUAN PABLO II. Prólogo de Mons. Julián BARRIO BARRIO.

39. DECLARACIÓN «DOMINUS IESUS», *de la Congregación para la Doctrina de la Fe.* Presentación de Mons. T. BERTONE. Comentarios de A. AMATO, F. OCÁRIZ, R. FISICHELLA, L. LADARIA, D. VALENTINI, N. BUX, M. DHAVAMONY. «Notificación» sobre un libro de J. Dupuis y comentario. Introducción del Card. Joseph RATZINGER.

40. EL PRIMADO DEL SUCESOR DE PEDRO EN EL MISTERIO DE LA IGLESIA. *Consideraciones de la Congregación para la Doctrina de la Fe.* Comentarios de R. PESCH, R. MINNERATH, P. RODRÍGUEZ, F. OCÁRIZ, A. M. SICARI, N. BUX. Presentación de la Congregación para la Doctrina de la Fe.

41. PENSAR EL FUTURO. *Apostar por la verdad y el bien: la moral en el siglo XXI,* de Aurelio FERNÁNDEZ. Prólogo de Mons. Gabino DÍAZ MERCHÁN.

42. ESCRITURA E INTERPRETACIÓN. *Los fundamentos de la interpretación bíblica.* J. RATZINGER, P. BEAUCHAMP, B. COSTACURTA, I. DE LA POTTERIE, K. STOCK, A. VANHOYE. Edición y Prólogo de Luis SÁNCHEZ NAVARRO y Carlos GRANADOS (2ª edición).

43. CANTAD AL SEÑOR UN CÁNTICO NUEVO. *Catequesis sobre los salmos de Laudes,* de JUAN PABLO II. Prólogo de Mons. Julián LÓPEZ MARTÍN.

44. LA MUERTE Y LA ESPERANZA, de Paul O'CALLAGHAN. Prólogo de Mons. Walmor OLIVEIRA DE AZEVEDO.

45. ANTROPOLOGÍA BÍBLICA. *De Adán a Cristo,* de Juan Luis LORDA. Prólogo de Domingo MUÑOZ LEÓN.

46. LA ENSEÑANZA SOCIAL DE LA IGLESIA. *Síntesis, actualización y nuevos retos,* de Michel SCHOOYANS. Prólogo de René RÉMOND.

47. TEMAS CANDENTES DE BIOÉTICA Y FAMILIA. *En la brecha,* del Card. Alfonso LÓPEZ TRUJILLO. Prólogo del Card. Ricardo María CARLES.

48. AL SERVICIO DE LA EDUCACIÓN EN LA FE. *El Compendio del Catecismo de la Iglesia Católica,* de Carmen-José ALEJOS GRAU (Ed.). Prólogo de Mons. Jaume PUJOL

49. SOBRE ALGUNAS CUESTIONES DE ÉTICA SEXUAL. *Declaración* Persona humana *de la Congregación para la Doctrina de la Fe.* Introducción del Card. J. RATZINGER. *Comentarios* de C. CAFARRA, S. GAROFALO, P. SARDI, G. CARRIQUIRY, G. PERICO y M. BENZO.

50. **CONSIDERACIONES SOBRE LA HOMOSEXUALIDAD EN LA BIBLIA**, de Innocent HIMBAZA, Adrian SCHENKER, Jean-Baptiste EDART.

52. **LA CONCELEBRACIÓN EUCARÍSTICA.** *Del símbolo a la realidad*, de GUILLAUME DERVILLE. Prólogo del Card. Antonio CAÑIZARES

53. **EL SELLO.** *Cristo, fuente de la identidad del sacerdote*, del Card. Mauro PIACENZA

54. **LITURGIA Y VIDA.** *Lo cotidiano como lugar del culto espiritual*, de Félix María AROCENA

55. **UNA NUEVA EVANGELIZACIÓN.** *¿Cómo acometerla?*, de Antonio ARANDA. Prólogo de Mons. Rino FISICHELLA (2ª edición).

57. **PARA COMPRENDER EL VATICANO II.** *Síntesis histórica y doctrinal*, de César IZQUIERDO.

58. **LA LIBERTAD RELIGIOSA EN EL PONTIFICADO DE BENEDICTO XVI.** *La Santa Sede en la ONU*, de Alfonso RIOBÓ. Prólogo de Mons. Silvano TOMASI

59. **BENEDICTO XVI HABLA SOBRE LA FAMILIA.** Pablo Blanco (ed.). Comentarios de Mons. Mario Iceta, Augusto Sarmiento y Javier Escrivá Ivars

60. **BENEDICTO XVI HABLA SOBRE VIDA HUMANA Y ECOLOGÍA.** Pablo Blanco y Emilio García Sánchez (eds.). Comentarios de Mons. Mario Iceta, Alfonso Martínez-Carbonell y Emilio García Sánchez

61. **BENEDICTO XVI HABLA SOBRE CULTURA Y SOCIEDAD.** Rafael D. García y Pablo Blanco (eds.). Comentarios de Pablo Blanco, David Walsh y Rafael D. García

62. **LA PRESBYTERORUM ORDINIS 50 AÑOS DESPUÉS.** Mauro Piacenza

www.palabra.es

Telfs.: (34) 91 350 77 20 - (34) 91 350 77 39
comercial@palabra.es